Glauben mit Herz und Verstand

Glauben mit Herz und Verstand

Mutmach-Predigten & mehr

Bibliografische Information der Deutschen Nationalbibliothek:
Die Deutsche Nationalbibliothek verzeichnet diese Publikation
in der Deutschen Nationalbibliografie; detaillierte bibliografische
Daten sind im Internet über www.dnb.de abrufbar.

Herstellung und Verlag: BoD – Books on Demand, Norderstedt

ISBN 978-3-7386-3522-5

Inhaltsverzeichnis

Predigten

Thesen

Kontakt:

Jörg-Dieter Reuß, Pfarrer i.R.
Hermann-Hesse-Weg 4/2
89143 Blaubeuren
E-Mail: joerg-dieter.reuss@web.de

Vorbildlicher Gehorsam?

Genesis 22,1-14[1]

Ich möchte Ihnen heute Morgen eine biblische Geschichte erzählen, die Sie alle kennen. Aber ich möchte sie ein bisschen anders auslegen, als Sie es gewohnt sind. Und ich bin gespannt, wie weit Sie dabei mitgehen können oder wollen. Denn als mündige Christen entscheiden Sie letztlich selbst, welche Auslegung für Sie richtig und hilfreich ist. –

Der frühe Morgen ist eine seltsame Zeit. Vielleicht kennen Sie das auch: Man hat etwas Komisches geträumt, weiß vielleicht gar nicht mehr genau, was es war. Aber die merkwürdige Stimmung aus dem Traum, die begleitet einen noch den halben Vormittag.

Ob es Abraham auch so ähnlich ergangen sein mag? An einem frühen Morgen sattelte er seinen Esel und machte sich auf den Weg. Zwei Knechte und seinen Sohn Isaak nahm er mit. Denn in der Nacht hatte Gott zu ihm gesprochen: „Nimm deinen einzigen Sohn, den du lieb hast, und bring ihn mir als Brandopfer dar auf einem Berg, den ich dir zeigen werde."

Nach drei Tagereisen kommt der Berg in Sicht. Abraham sagt zu den Knechten: „Wartet hier auf uns." Auch den Esel

---

[1] Ohne Verlesung des Bibeltextes

lässt er zurück. Stattdessen packt er das Brennholz auf seinen Sohn – es ist ein dickes, schweres Bündel – und steigt mit ihm zusammen auf den Berg. Als der Junge wissen will, wo denn das Opfertier sei, antwortet er ausweichend, Gott werde sich schon eines aussuchen.

Oben angekommen, errichtet Abraham einen Altar, packt seinen Sohn, fesselt ihn und legt ihn auf den Holzstoß. Schon greift der Vater nach dem Messer, um seinem Sohn die Kehle durchzuschneiden, da kommt eine Stimme vom Himmel: „Tu dem Jungen nichts! Jetzt weiß ich ja, dass du Gott fürchtest, denn du hast mir deinen einzigen Sohn nicht vorenthalten. Segnen will ich dich, weil du meinem Befehl gehorcht hast." – Als Abraham aufblickt, entdeckt er einen Widder, der sich im Gestrüpp verfangen hat. Der wird nun an Stelle des Menschenkindes als Brandopfer dargebracht. Die Geschichte endet mit den Worten: „Abraham kehrte wieder zu seinen Knechten zurück und sie gingen miteinander nach Beerscheba. Dort blieb Abraham wohnen."

Man muss bei diesen Schlussworten genau hinhören. Von Isaak ist da nämlich gar nicht mehr die Rede. Das Ganze ist ein Drama zwischen Abraham und seinem Gott. Isaak, der Sohn, spielt dabei nur eine Nebenrolle. Und er wird noch nicht einmal gefragt, ob er diese Rolle spielen will. Er wird nicht nach seiner Meinung gefragt. Fast könnte man sagen: Isaak, der geliebte Sohn, wird hier nicht viel besser behandelt als ein Stück Vieh. Was diese Ereignisse für ihn bedeutet haben, wie es ihm dabei zu Mute war, darüber erfahren wir so gut wie nichts.

Wie hätten Sie sich denn gefühlt, wenn Sie Isaak gewesen wären? Hätten Sie vor Angst und Verzweiflung geschrien? Oder wären Sie starr und stumm geworden vor Entsetzen? Was schätzen Sie, wie lange Sie anschließend Nacht für Nacht von fürchterlichen Albträumen gequält worden wären? Und hätten Sie einem solchen Vater je wieder vertrauen können?

Leider muss ich sagen: Die meisten Ausleger mogeln, wenn sie an diese befremdliche Geschichte kommen. Sie drücken sich um ihre Ecken und Kanten herum. Etwa mit dem Hinweis, Gott könne uns ein Kind oder sonst einen geliebten Menschen auch wieder wegnehmen.

Natürlich geschieht es immer wieder, dass uns die Trennung zugemutet wird von jemandem, den wir lieb haben. Dann stehen wir vor der schweren Aufgabe, die Schmerzen einer solchen Trennung zu verarbeiten. Aber das ist hier doch nicht das Thema! Abraham verliert seinen Sohn ja nicht durch eine Krankheit oder einen tragischen Unglücksfall. Sondern er ist bereit, das Kind eigenhändig umzubringen, weil er überzeugt ist, dass Gott das von ihm verlangt. Das ist ein gewaltiger Unterschied.

Man hat Ihnen und man hat mir von klein auf beigebracht, den Abraham als großes Vorbild zu sehen. Aber ist er das hier? Ist es nicht eher so, dass diese Geschichte etwas zeigt, was ebenso hässlich wie gefährlich ist? Nämlich dies, wie schlimm ein blinder, fanatischer Glaubenseifer das Gewissen eines Menschen verbiegen kann?

Sagen wir es deutlich: Abraham ist bereit, aus religiöser Überzeugung einen Mord zu begehen. An einem unschuldigen Kind, das sich gegen die väterliche Gewalt nicht wehren kann. Und er zweifelt anscheinend keinen Augenblick an der Rechtmäßigkeit seines Vorhabens. Zielstrebig, Schritt für Schritt setzt er es in die Tat um. Ohne irgendwelche Rückfragen an Gott oder an sich selbst. Ohne Einwände. Ohne Bedenken.

Es ist vor allem diese Bedenkenlosigkeit, die mich hier erschreckt. Die Bedenkenlosigkeit, mit der Abraham einem Tötungsbefehl nachkommt. Dazuhin einem, der noch nicht einmal begründet wird, der darum wie blanke Willkür anmutet. – Kennen wir es nicht allzu gut, das „Strickmuster", das hier zu Tage tritt? Nach unten befehlen und Macht ausüben – nach oben gehorchen, blind und kritiklos. Und wenn die Sache dann in Blut und Tränen endet, beruft man sich darauf, dass man unter Befehlsnotstand gehandelt habe. Dass man keine andere Wahl hatte.

Hatte Abraham keine andere Wahl? Vier Kapitel zuvor (Kapitel 18, Vers 16ff) wird uns berichtet: Als Abraham erfuhr, dass Gott Sodom und Gomorra wegen ihrer Bosheit vernichten wollte, hat er angefangen, mit Gott zu verhandeln. Zwar konnte er die beiden Städte nicht retten. Aber er hat es immerhin versucht. Und Gott hat sich darauf eingelassen.

Von dieser Erfahrung kommt Abraham also her: Gott ist einer, der mit sich reden lässt. Warum in aller Welt versucht er es dann nicht auch hier, wo das Leben seines Sohnes auf dem Spiel steht? – Und wie kann er überhaupt so sicher sein, dass die nächtliche Stimme, die ihm diesen Tötungs- und Opferbefehl eingeflüstert hat, wirklich von Gott kommt?

Oder ist er sich seiner Sache vielleicht doch nicht so sicher? Allem Anschein nach wagt er ja nicht, mit irgendeinem Menschen offen darüber zu reden. Weder mit Isaak noch mit den Knechten noch auch mit seiner Frau. Vermutlich konnte er sich denken, was die dazu gesagt hätte.

Wenn ich mich hier in der Kirche umschaue, sehe ich viele Mütter um mich herum. Die möchte ich jetzt einmal bitten: Versetzen Sie sich doch mal in die Zeit zurück, als Ihr erstes Kind sechs oder acht Jahre alt war. Und nun stellen Sie sich vor, Ihr Mann kommt mit einem großen Messer zur Tür herein, weil er bei Nacht eine Stimme gehört hat, und will das Kind opfern. Mal ganz ehrlich: Was würden Sie tun? Würden Sie Ihren Mann bewundern wegen seiner großen Frömmigkeit? Oder würden Sie eher zu ihm sagen: „Sag mal, spinnst du jetzt? Auf so eine hirnverbrannte Idee kann auch bloß ein Mann kommen!" – ?

Was für ein Glück, liebe Mütter und Väter, dass die Geschichte von Isaaks Beinah-Opferung sich vermutlich nie so abgespielt hat! Was für ein Glück, dass wir es hier wahrscheinlich mit einer erfundenen Geschichte zu tun haben, mit einer typischen Sage jener Zeit, die irgendwann auf Abraham übertragen wurde. – Aber ist damit das Rätsel dieser dunklen Geschichte gelöst? Auch wenn sie erfunden sein sollte, diese Geschichte, so zeigt sie doch in aller Deutlichkeit: Der biblische Erzähler hätte es Abraham zugetraut, dass die Sache so gelaufen wäre. Und was schlimmer ist: Er hätte es

Gott zugetraut. Alles in allem also eine üble Geschichte, trotz des unerwartet guten Ausgangs.

Ein wenig Licht mag in das Dunkel dieser Geschichte kommen, wenn wir sie eingebettet sehen in ihre damalige Zeit und Umwelt. Denn das waren damals wirklich andere Zeiten. Als die Israeliten nach Palästina einwanderten, trafen sie dort auf eine Kultur, in der Menschenopfer noch gang und gäbe waren. Für die Sicherung der Fruchtbarkeit und zumal als letzte Rettung in der Not war es durchaus üblich, den erstgeborenen Sohn zu opfern, um die Götter gnädig zu stimmen. Beim Gespräch über den Gartenzaun hinweg mag so ein Kanaanäer gelegentlich gefragt haben: „Also das verstehe ich nicht. Warum habt ihr Israeliten beim Opfern bloß solche Hemmungen? Wir Kanaanäer geben unseren Göttern das Beste, was wir haben. Unsere Erstgeborenen. Ihr dagegen speist euren Gott mit Tieropfern ab. Müsst ihr da nicht zugeben, dass wir es mit der Religion viel ernster nehmen als ihr?"

Auf solche Zweifel von außen oder vielleicht auch von innen mag diese Geschichte ursprünglich einmal eine Antwort gegeben haben. Nämlich die: Wenn unser Gott das Opfer der Erstgeburt von uns verlangte – wir wären wahrlich bereit und im Stande, es ihm zu geben. Aber unser Gott will das nicht. Bei Abraham, unserem Stammvater, hat er das ein- für allemal klargestellt.

Im damaligen Lebenszusammenhang hatte die Geschichte also durchaus ihren Sinn. Vielleicht keinen rundherum guten, aber immerhin einen begreiflichen Sinn. Ein Unsinn, ein gefährlicher Unsinn wurde erst später daraus. Später hat man nämlich die Zeitbedingtheit dieser Geschichte vergessen und Abrahams Bedenkenlosigkeit hochgejubelt zu einem (wie man meinte) zeitlosen Vorbild des Glaubens: So ist es recht, so will es Gott.

Es tut mir leid, aber ich kann an Abrahams Bereitschaft, seinen Sohn zu opfern, ganz und gar nichts Vorbildliches entdecken. Nichts, wovon ich guten Gewissens sagen könnte: Zur Nachahmung empfohlen. Im Gegenteil. Wenn ein Vater heute mit seinem Kind so umspringen wollte, man würde ihn sofort – und mit Recht! – in eine psychiatrische Anstalt einweisen. Diagnose: Den hat der religiöse Wahnsinn gepackt!

Und doch treibt diese Geschichte weiterhin ihr Unwesen. Zum Beispiel in Kinderbibeln. Und da gehört sie nun wirklich nicht hin. Denn das unkritische Weitererzählen dieser Geschichte läuft geradewegs darauf hinaus, eine Art Kindesmissbrauch zu rechtfertigen. So, als hätten Eltern das Recht und die Pflicht, an den Kindern ihre eigene großartige Frömmigkeit zu demonstrieren. Selbst wenn die Kinder dabei draufgehen sollten. Oder seelische Verletzungen davontragen, die lange nicht heilen wollen – und manchmal ein Leben lang weh tun.

Vom Neuen Testament her ist uns ein Maßstab an die Hand gegeben, den wir hier nicht vergessen sollten. Dieser Maßstab ist Jesus und seine Botschaft. Was dem Anliegen und der Wesensart Jesu Christi widerspricht, kann für uns Christen nicht maßgeblich sein, und wenn es hundertmal in der Bibel stehen sollte. Ist diese Geschichte von Abrahams Opferwilligkeit denn jesusgemäß? Das ist die entscheidende Frage, die hier gestellt werden muss.

Und ich kann darauf nur antworten: Nein, diese Geschichte ist in meinen Augen nicht jesusgemäß. Die traditionelle Auslegung wollte zwar einen Zusammenhang herstellen zwischen der Opferung Isaaks und der Kreuzigung Jesu. Aber dieser angebliche Zusammenhang erschien mir immer gekünstelt, um nicht zu sagen: an den Haaren herbeigezogen. Der liebende, gütige, vertrauenswürdige Gott, für den Jesus eingestanden ist, passt einfach nicht zusammen mit dem zwielichtigen Gottesbild in dieser Abrahamsgeschichte. Spätestens seit Jesus könnten wir es wissen, dass Gott in Wahrheit ganz anders ist als jenes grausame Zerrbild, das uns in 1.Mose 22 begegnet.

Gott – ein launischer Tyrann? Einer, der bloß mal so, um einen Test zu machen, einen Kindermord befiehlt und dann blinden Gehorsam erwartet? Nein. Erinnern wir uns doch: Wenn Jesus Recht hat, dann ist der Sabbat – und mit ihm das ganze Gottesgesetz – da um des Menschen willen und nicht umgekehrt (Markus 2,27). Und das bedeutet: Was immer auf uns zukommen mag mit dem Anspruch, Wort und Weisung Gottes zu sein, das muss sich messen lassen an Fragen wie diesen: Ist das denn menschenfreundlich? Kommt es dem Leben zugute? Erhöht es die Chancen auf Freiheit und Glück – oder macht es sie zunichte?

Unermüdlich haben die alttestamentlichen Propheten darauf hingewiesen und Jesus hat es bestätigt: Gott will keine Tier- und erst recht keine Menschenopfer. Er will etwas ganz anderes. Er will, dass Menschen selbstbewusst, verantwortlich und liebevoll miteinander umgehen. Auch und gerade Väter und Mütter mit ihren Söhnen und Töchtern.

Darum kann ich Abraham hier nicht als Vorbild sehen. Doch damit ist die Geschichte nicht erledigt. Auf eine abgründige Weise hält sie uns nämlich einen Spiegel vor. Einen dunklen Spiegel, in dessen Tiefe wir etwas von uns selbst entdecken können. Etwas, das uns nicht gefällt, das wir gern verdrängen – und das doch irgendwie in uns steckt und zu uns gehört.

Abraham – das könnte ja auch ein Teil von uns selbst sein. Jener Teil in uns, der feste Grundsätze und unerschütterliche Überzeugungen hat. Ich meine das so: Väter und Mütter haben meist bestimmte Vorstellungen, wie ihr Kind einmal werden soll. Das ist ja auch okay. Gewisse Vorstellungen, wo's langgehen soll, sind für die Erziehung unentbehrlich. Aber es liegt auch eine Gefahr darin. Wenn es dumm geht, kann es passieren, dass Eltern die Lebendigkeit ihrer Kinder dafür aufs Spiel setzen. Oder diese ursprüngliche Lebendigkeit sogar abwürgen und auf irgendeinem Altar opfern. Der kann „Erfolg" heißen oder „Ehrgeiz" oder wie auch immer. Wohl denen, die dann wie Abraham die Stimme von oben hören: Erhebe nicht die Hand gegen dein Kind! Lass es leben. Lass es frei.

Wenn schon etwas geopfert werden muss, dann der Widder im Gestrüpp. Auch er lässt sich betrachten als ein Teil von uns selbst. Ein Teil, der stark ist, aber auch ein bisschen dumm. Sonst würde er sich nicht immer wieder in irgendwelchen widrigen Umständen verhaken und verfangen. Sonst müssten wir nicht immer wieder einmal sagen: „Das habe ich leider verbockt."

Kennen wir ihn, den starken, dummen Schafbock in uns? Er kann sich in verschiedener Weise zeigen. Zum Beispiel als Reizbarkeit, die allzu schnell bereit ist, einen Gegner auf die Hörner zu nehmen. Aber auch umgekehrt: als Konfliktscheu, die um jede Auseinandersetzung einen Bogen macht. Oder ist es unser Geltungsbedürfnis, das uns immer wieder in die gleiche Falle lockt? Ist es unsere Einsatzbereitschaft, auf die wir so stolz sind – und die sich dann verheddert im Gestrüpp unerledigter Vorhaben? Oder vielleicht unsere Neigung, mit dem Kopf durch die Wand zu wollen und das, was uns wichtig ist, mit Gewalt durchzusetzen?

Oder ist es im Gegenteil unsere Mutlosigkeit, die sich zurückzieht und eine Sache verloren gibt, bevor wir uns überhaupt ernsthaft dafür eingesetzt haben? Es könnte aber auch unsere dumme Bockigkeit sein, mit der wir uns gegen notwendige Einsichten wehren. Besonders im Alter. Denn im Alter nehmen alle Sinne ab bis auf den Eigensinn. Der nimmt zu.

Wie auch immer: Wir werden ihn nicht so schnell los, diesen lästigen schafsköpfigen Gesellen. Er folgt uns wie ein Schatten. Jedes Mal, wenn wir innehalten und genau hinschauen, werden wir ihn wieder entdecken. Im Hintergrund unserer Wünsche und unserer Taten. Damit müssen wir leben. Und damit können wir leben. Denn Gott nimmt uns an samt unserem Schatten, der eben auch leben will. Dafür hat sich Jesus verbürgt.

Freilich: Ungebremst können wir unseren Schafbock, sprich: unsere Negativseiten dann doch nicht herauslassen. Weil sie uns und andere stören, müssen wir sie ab und zu opfern, wohl oder übel. Aber unsere Kinder sollen wir nicht opfern! Die sollen leben und sich entfalten, damit das aus ihnen wird, was Gott in sie hineingelegt hat.

Der unsichtbare Gott und unsere Goldenen Kälber

Exodus 32,1-7.15.19f aus tiefenpsychologischer Sicht

Vieles, was im Alten Testament steht, gehört zu einer längst vergangenen Welt und geht uns praktisch nichts mehr an. Doch dazwischen finden sich ein paar Geschichten, die uns auf eine seltsame Weise ansprechen. Sie handeln von grundsätzlichen Möglichkeiten des Menschseins; von Weichenstellungen, Krisen und Konflikten, wie wir sie bis heute erleben. Zu diesen Großen Geschichten rechne ich die Erzählung vom Goldenen Kalb. Ich möchte Sie einladen, mit mir in die Geschichte hineinzugehen und sie mitzuerleben.

Das Volk Israel, eben erst der ägyptischen Sklaverei entronnen, lagert am Fuß des Berges Sinai, Wüste ringsum, und weiß nicht, wie es weitergehen soll. Mose, der Verbindungsmann zu Gott, ist seit Wochen verschwunden. Er ist auf diesen unheimlichen Berg gestiegen und nicht mehr zurückgekommen. Es gibt kein Lebenszeichen von ihm. Niemand weiß, was aus ihm geworden ist.

Alleingelassen in der Wüste, ohne Weg und Ziel, mit Vorräten, die von Tag zu Tag knapper werden: Das ist ja nicht auszuhalten! Da kriecht die Angst aus allen Winkeln. Und wir müssen uns die Wüste nicht nur als eine äußere Angelegenheit vorstellen. Oft ist sie ein Bild für die Durststrecken des

Lebens. Übrigens auch in unseren Träumen. Die Wüste, das ist Verödung, Verlassenheit, Schwermut und Angst. Angst, die sich bis zur Verzweiflung steigern kann. Sengende Sonne am Tag, eisige Kälte in der Nacht. Weit und breit kein grünes Fleckchen. Nur Sand, Staub und Steine, so weit das Auge reicht.

Ringsum Wüste, und Gott ist fern: Irgendwann erwacht da der Wunsch, die unerträgliche Situation zu ändern. So auch bei den Israeliten. Sie sind es leid, auf Mose zu warten. Wer weiß denn, ob er überhaupt wiederkommt? Vielleicht haben ihn längst die Aasgeier gefressen. Kein Wunder, dass die Leute zu Aaron sagen: Jetzt tu doch endlich was! Auf, mach uns ein Gottesbild, das vor uns herzieht! Sichtbar für alle, damit wir keine Angst mehr haben müssen.

Ist das nun ein schäbiger Abfall, eine undankbare Abwendung von dem Gott, der das Volk aus der Sklaverei geführt hat? Falsch geraten. Es ist eigentlich kein anderer Gott, den die Leute wollen. Ihrem Gott endlich einen sichtbaren Ort zuweisen, das wollen sie. Ihn auf einen goldenen Sockel stellen, damit er auch ganz sicher da ist, wenn man ihn braucht. Denn das beruhigt die Nerven.

Und Aaron tut, was die Leute von ihm wollen. Vielleicht tut er es wider besseres Wissen. So, wie auch wir manchmal etwas tun, von dem wir gar nicht so recht überzeugt sind. Doch wenn die große Mehrheit etwas will, kann es unglaublich schwer sein, sich gegen den Strom zu stemmen. Das braucht sehr viel Mut und eine Menge Kraft. Und die haben wir halt nicht immer. Aaron hat sie offenbar auch nicht, und so macht er eben gute Miene zum bösen Spiel. Er gibt den

Leuten die Anweisung, sich die goldenen Ringe von den Ohren zu reißen. Anscheinend müssen sie eine ganze Menge davon gehabt haben. Dann schmilzt er das Gold ein und gießt daraus ein Standbild. Woher er mitten in der Wüste die technischen Gerätschaften dazu haben sollte, darüber schweigt sich die Geschichte aus. Das ist ebenso unlogisch, wie es unsere Träume meist sind, solange wir sie vordergründig betrachten. Blickt man jedoch tiefer, dann enthüllen die seltsamen Bilder oft einen überraschenden Sinn.

So auch hier. Die Vorstellungen, die wir uns von Gott machen, beruhen zu einem erheblichen Teil auf dem, was die Psychologen „Projektion" nennen. Ähnlich wie ein Beamer oder Diaprojektor werfen wir Bilder an die Wand, die aus den Tiefen unserer eigenen Seele kommen. Aus einem inneren Drang heraus stellen wir etwas vor uns hin, was eigentlich von uns selber stammt. Ungefähr so, wie es die Israeliten hier mit dem Gold machen, das sie schon mal an den eigenen Ohren hatten.

Golden erscheint in Märchen und Träumen das, was unserer Seele besonders wertvoll ist. So gesehen sind es ganz wichtige und kostbare Seelenanteile, die die Leute von sich abspalten, damit Aaron, der Priester, ihnen ein Gottesbild daraus macht. Eines, auf das man stolz sein kann. Eines, das Macht und Stärke ausstrahlt, Potenz, Reichtum, Schönheit und ewige Jugend – kurz: all das, wonach ein Menschenherz sich sehnt.

Dass am Ende dann doch kein kraftvoller Stier dasteht, sondern ein läppisches Kalb, das liegt an der beißenden Ironie des biblischen Erzählers. Wenn Menschen sich ein Gottesbild machen, ist das, was dabei herauskommt, immer ein bisschen lächerlich. „Tand, Tand ist das Gebilde von Menschenhand" (Theodor Fontane). Oder um es mit dem Philosophen Martin Heidegger zu sagen: Was der Mensch hergestellt hat, mag es auch noch so heilig aussehen, das kann er auch wieder wegstellen. Er, der Mensch, verfügt darüber. Und damit hat es aufgehört, göttlich zu sein.

Was stellen wir uns eigentlich vor, wenn wir „Gott" sagen? Die Bilder, die uns da in den Sinn kommen, sind alle fragwürdig, um nicht zu sagen: mehr oder weniger falsch. Auch die biblischen Bilder, denn auch sie sind in der Seele von Menschen entstanden. Und doch brauchen wir unsere Bilder. Ungefähr so, wie ein kleines Kind bei Nacht seinen Teddybären braucht. Wenn man schon die tröstliche Nähe der Mutter entbehren muss, dann muss man wenigstens ein Kuscheltier im Arm halten können, damit man bei Nacht nicht so allein ist. – Kinder haben hier ein gesundes Unterscheidungsvermögen. Im Kuscheltier steckt etwas drin von der mütterlichen oder väterlichen Geborgenheit, die das Kind sich holt, weil es sie braucht. Und doch hat, soweit ich weiß, noch kein Kind seinen Teddybären mit der Mutter oder dem Vater verwechselt.

In diesem Punkt sind wir als Erwachsene anscheinend nicht klüger geworden. Eher dümmer. Wenn man uns ein Goldenes Kalb oder ein anderes Gottesbild gibt, sind wir ständig in Gefahr, es mit dem wirklichen Gott zu verwechseln. Deshalb sind die Gottesbilder so gefährlich. Und doch wären wir hoffnungslos überfordert, wenn wir auf sie verzichten müssten. Alle Menschen, die noch ein religiöses Empfinden haben, wissen tief in ihrem Innern, dass das Leben nur dann gelingen kann, wenn Gott in der Nähe ist. Darum gibt es in fast allen Religionen den Versuch, diese Nähe Gottes sicherzustellen. Die Nachbarvölker Israels haben das zum Beispiel so gemacht, dass sie Tempel gebaut und Götterbilder darin aufgestellt haben. Die Götter sollten in diesen Standbildern wohnen, wie die Seele im Körper wohnt. So hatten die Gottheiten ihren festen Platz und konnten einem nicht mehr weglaufen.

Und genau diese Sicherstellung hat der Gott Israels in den Zehn Geboten abgelehnt, wie wir in der Schriftlesung gehört haben (Exodus 20,1-6). Der Gott, der sein Volk in die Freiheit geführt hat, lässt sich auch selbst nicht einsperren. Nicht in einen Tempel. Nicht in eine Kirche. Nicht in ein Standbild, und wäre es aus purem Gold. Darum heißt das zweite Gebot: Mach dir kein Gottesbild! Ich denke, es war ein Fehler, dass Luther im Katechismus dieses Gebot einfach übergangen hat. Es hätte uns an etwas ganz Entscheidendes erinnern können. Nämlich an dies, dass keine Kirche die Gegenwart Gottes sicherstellen kann, auch wenn sie ihre Altäre vergoldet. Gott lässt sich nicht herbeizaubern und schon gar nicht irgendwo festnageln. Übrigens auch nicht am Kreuz. Wenn irgendwo ein Kruzifix hängt, ist das noch lange keine Garantie dafür, dass an diesem Ort auch nur ein Hauch der Nähe Gottes erfahrbar wird.

Unsere evangelischen Brüder und Schwestern in der Schweiz waren vielleicht gar nicht so schlecht beraten, als sie in der Reformationszeit die Kruzifixe aus ihren Kirchen entfernten. Denn im Normalfall soll der Gottesdienst fröhlich sein (vgl. EG 169). Nach dem, was ich sehe, tun wir uns hier in Blaubeuren noch ziemlich schwer damit. Und das ist ja auch kein Wunder. Sehen Sie sich doch einmal um, wie viele gemalte Folterleichen in diesem Kirchenraum herumhängen. Wie soll denn da eine fröhliche Stimmung aufkommen?

Andererseits gilt es zu bedenken: Die gute Stimmung allein tut's nun auch wieder nicht. An gehobener Stimmung ist kein Mangel im Lager der Israeliten, als Mose vom Berg zurückkommt. Schon von weitem hört er den Lärm des rauschenden Festes. Die Leute sind ja so froh, dass mit dem Goldenen Kalb die Nähe Gottes endlich einmal fassbar wird. Sichtbar. Greifbar. Begreifbar. Jetzt kann man mit eigenen Augen sehen, wo Gott wohnt. Jetzt braucht man keine komplizierte Theologie mehr. Ach, ist das schön!

Mose aber gerät in Zorn über das goldene Rindvieh und das kopflose Treiben darum herum. Und dann passiert ihm etwas, was auch uns gern passiert, wenn uns die Wut packt. Er macht nämlich erst mal das Falsche kaputt. Die beiden steinernen Tafeln, die er mit viel Mühe zurechtgehauen hat und auf denen nun die Zehn Gebote stehen, die zehn Grundregeln für ein Zusammenleben in Frieden und Freiheit. Diese Tafeln zerschmettert er am Fuß des Berges. Und damit erreicht er natürlich gar nichts. Er lädt sich nur zusätzliche Arbeit auf. Denn später, als der Zorn verraucht ist, muss er neue Tafeln zurechtmeißeln. Schade drum.

Ich nehme an, Sie kennen das: Wenn wir im ersten Zorn auf etwas reagieren, statt erst mal tief Luft zu holen, dann sind wir am Ende meist selbst die Dummen. Aber alles hinunterschlucken hat auch keinen Wert. Es ist sogar ausgesprochen ungesund. Also was tun? – Gut wäre es, den Zorn und die Enttäuschung in Worte zu fassen. Oder erst einmal nachzu-

23

fragen, bevor wir ausrasten. Böse gemeint war die Sache mit dem goldenen Kalb ja nun wirklich nicht. Kein Mensch hatte die Absicht, den armen Mose damit zu ärgern. Aber so ist das nun mal: Wenn wir gestresst und genervt sind, kann es ganz leicht passieren, dass wir alles persönlich nehmen. Auch wenn es gar nicht so gemeint war. Und dann könnten wir platzen vor Wut.

Nachdem die Tafeln in Scherben liegen, geht es sehr merkwürdig weiter. Mose verbrennt das goldene Kalb und zerreibt es zu Staub, den er ins Wasser streut. Dann gibt er das Gebräu den Israeliten zu trinken. Im äußerlich-vordergründigen Sinn kann man sich das wiederum kaum vorstellen. Gold brennt nicht, und es lässt sich auch nicht so einfach zu Staub zermahlen. Doch wenn wir das, was hier erzählt wird, auch wieder als Veranschaulichung eines inneren Vorgangs nehmen, dann können wir sagen: Mose geht mit so viel seelischer Energie gegen dieses Möchtegern-Gottesbild vor, dass es verglüht und zu Staub zerfällt. Diesen Staub lässt er die Israeliten trinken. Tiefenpsychologisch könnte das heißen: Er bringt sie dazu, ihre goldenen Projektionen wieder zurückzunehmen.

Das Volk muss die bittere Einsicht schlucken: Was wir da als Gott vor uns hingestellt haben, das war nur ein Spiegel unserer eigenen Wünsche, Ängste und Sehnsüchte. Es ist in Ordnung, dass es die gibt. Aber sie sind nicht das Letzte, nicht das Höchste, nicht das Absolute. Sie sind nicht Gott. Wenn wir sie als Teil von uns selbst wahrnehmen und leben lassen, sind wir auf einem guten Weg. Wenn wir sie vergolden und vergötzen, bringen wir uns und andere in Gefahr. Denn das ist das Verflixte an den Goldenen Kälbern: Meist können sie am Ende doch nicht aus den Wüsten unseres Lebens heraushelfen. Im Gegenteil. Nur zu oft blenden sie uns mit ihrem Glanz, machen uns mehr oder weniger blind für die Realität um uns herum, blind für die Vorgänge in unserer Seele, blind für das, was Gott tut und was er uns damit zu verstehen geben will. Und das kann teuer werden.

Trotzdem ist es gut und sinnvoll, dass es Leute wie Aaron gibt. Leute, die Goldene Kälber anfertigen, schöne Kirchen bauen, eindrucksvolle Veranstaltungen durchführen oder auf andere Weise religiöse Hochstimmungen erzeugen. Bisweilen brauchen wir das einfach. Denn es ist schlichtweg nicht auszuhalten, wenn Gott längere Zeit fern ist und schweigt, während wir uns in der Wüste abmühen.

Aber es ist auch und nicht minder gut, dass es Menschen wie Mose gibt. Menschen, die unsere so heiß geliebten Goldenen Kälber in Brand stecken, unsere glanzvollen Illusionen platzen lassen und unsere Lebenslügen entlarven. Menschen wie Mose gehen zu Gott auf den Berg, in die Einsamkeit und in die Stille, bevor sie den Mund aufmachen. Sie folgen nicht dem Gruppendruck, sondern ihrem Gewissen. Sie haben verstanden, dass Gott sich durch keinerlei Kunstgriffe herbeizwingen lässt – und vertrauen darauf, dass er doch zur rechten Zeit da sein wird, um aus der Wüstennot herauszuhelfen.

Nicht Milch und Honig, sondern Brot und Wein

Numeri 13+14 in Auszügen

Die Israeliten waren aus Ägypten geflohen, weil ihnen dort die Sklavenarbeit gestunken hat. Nach jahrelanger Wüstenwanderung kamen sie bis an die Schwelle des verheißenen Landes. Dann nahmen die Dinge eine merkwürdige Wendung. Eine Wendung, die ziemlich blamabel, aber freilich auch typisch menschlich war. Im sogenannten 4. Buch Mose, Kapitel 13 und 14 erfahren wir darüber ungefähr folgendes[1]:

Der Herr redete mit Mose und sprach: Sende Männer aus, das Land Kanaan zu erkunden, das ich den Israeliten geben will. (…) Mose sandte die Männer aus; (…) sie zogen hinauf und erkundeten das Land. (…)

Als sie ins Traubental kamen, schnitten sie dort eine Rebe mit einer Weintraube ab. Die war so groß, dass man sie zu zweit an einer Stange tragen musste. (…) Nach vierzig Tagen kamen sie zurück, erstatteten Bericht und zeigten die Früchte des Landes. Sie erzählten: „Es ist wirklich ein Land, wo Milch und Honig fließen (soll heißen: die gibt's da im Überfluss). Aber das Volk, das in dem Land wohnt, ist stark. Die Städte sind befestigt und sehr groß. (…). Gegen dieses Volk können wir nichts ausrichten; es ist einfach stärker als

---

[1] Übersetzung von mir. Die Anregung zu dieser Predigt verdanke ich Jörg Zink (Eine Handvoll Hoffnung, Stuttgart 1979, S.11ff).

wir. Sogar Riesen haben wir gesehen; klein wie Heuschrecken kamen wir uns daneben vor."

Da erhob die ganze Volksmenge ein lautes Geschrei. Die Leute heulten und jammerten die ganze Nacht hindurch. Sie maulten und schimpften über Mose und Aaron und sagten: „Wären wir doch bloß schon in Ägypten gestorben oder meinetwegen auch in der Wüste! Warum will Gott uns unbedingt in dieses blöde Land bringen? Da geht es uns doch bloß an den Kragen, und unsere Frauen und Kinder fallen den Feinden in die Hände. Da wäre es doch wirklich besser, wieder nach Ägypten zurückzugehen."

Josua und Kaleb aber sagten zu dem versammelten Volk: „Ihr müsst wissen: Das Land, das wir durchwandert und erkundet haben, ist sehr, sehr schön. Wenn Gott es gut mit uns meint, wird er uns schon auf eine gute Art in dieses Land hineinbringen und es uns geben."

Das ist in groben Zügen die biblische Darstellung des Sachverhalts. Merkwürdig daran erscheint mir weniger die Tatsache, dass das Neue und Fremde in der Wahrnehmung der Kundschafter als etwas Riesengroßes erscheint. Das geht uns ja oft ganz ähnlich. Vor allem, wenn wir vor eine neue und ungewohnte Aufgabe gestellt werden. Merkwürdig ist eher die Art und Weise, wie hier Milch und Honig ins Spiel kommen. Immer wieder malen die Israeliten das Wunschbild ihrer Sehnsucht in diesen Farben und mit diesen Zutaten: Ein Land, wo Milch und Honig fließen.

Aber warum eigentlich Milch und Honig? Die Gaben des Kulturlandes sind seit Urzeiten Brot und Wein. In diesen beiden

Schätzen verdichtet sich das, was das Kulturland zu bieten hat. Und so haben sie neben ihrem Nährwert auch eine hohe symbolische Bedeutung. Darum lesen wir von Melchisedek, dass er dem wandernden Abraham mit Brot und Wein entgegengekommen ist. Das war sein Willkommensgruß. Das war ein unmissverständliches Zeichen der Gastfreundschaft. Und was die Kundschafter in unserer Geschichte betrifft, so muss doch auffallen, dass sie bei ihrer Rückkehr keine Honigwabe mitbringen, sondern eben eine Weintraube.

Brot und Wein sind die Gaben, die das Leben im fruchtbaren Land angenehm machen. Milch und Honig sind dagegen die Nahrung der Kleinviehnomaden, die in der Wüstensteppe umherziehen. Das heißt, im Grund ist es bei denen ja nur die Milch. Die Milch von den Schafen und Ziegen. In der Sommerhitze wird die natürlich sofort sauer und wird dann als Dickmilch getrunken.

Den Honig von wildlebenden Bienenvölkern findet man dagegen in der Steppe nur ganz selten. Er ist eine begehrte Rarität. Nicht zuletzt deshalb, weil weit und breit sonst ja nichts Süßes zu kriegen ist. Aber auch von der Sauermilch ist eigentlich immer zu wenig da. Wie könnte es auch anders sein bei dem spärlichen Futter, das sich die Tiere auf dem kargen Steppenboden zusammensuchen müssen.

Ich erzähle Ihnen das, damit wir uns klar machen: Wenn die Israeliten auf ein Land hoffen, wo es Milch und Honig im Überfluss gibt, dann ist diese ihre Hoffnung ganz offensichtlich geboren aus dem gegenwärtigen Mangel. Was ihnen jetzt gerade abgeht, das und nichts anderes erhoffen sie von der Zukunft.

Ein naiver Wunschtraum also, die Sache mit der Milch und dem Honig? Schon möglich. Aber ich denke, wir haben wenig Grund, darüber zu lächeln. Oft, sehr oft ist das, was Menschen von der Zukunft erhoffen, nichts anderes als ein getreues Spiegelbild dessen, was sie gegenwärtig entbehren müssen. Auch was wir für unsere eigene Zukunft erhoffen, wird da nur selten eine Ausnahme machen. Wer im Regen steht, hofft halt auf die Sonne. Natürlich tut er das. Meistens jedenfalls.

Solche Hoffnungen haben ja auch ihr Recht. Die Milch-und-Honig-Hoffnung war sicher nötig, damit die Israeliten sich überhaupt aufraffen konnten, aus der Sklaverei zu fliehen und den gefährlichen Aufbruch in die Freiheit zu wagen. Aber jetzt, wo es ernst wird mit dem verheißenen Land, jetzt zeigt es sich, dass diese Hoffnung leider auch einen Haken hat und auf einmal zu einem Hemmschuh wird. Denn was passiert nun? Aus ihren honigsüßen Träumen gerissen, schrecken die Israeliten zurück vor der rauen Wirklichkeit. Vor dem Land, wie es sich ihnen tatsächlich darbietet. Nein, nein, so hatten sie sich die Sache nicht vorgestellt!

Vielversprechend und verlockend war es zwar schon, das Land, wie es jetzt vor ihnen lag. Aber eben auch gefährlich und unberechenbar. Da konnte man sich ja die Finger verbrennen und eine blutige Nase holen. Und so ist es kein Wunder, dass jetzt die Leute Oberwasser haben, die lieber nach rückwärts träumen, als die Augen nach vorn zu richten. Die vermiesen nun sich und den andern die Zukunft und vergolden dafür die Erinnerung an die angeblich so gute alte Zeit in Ägypten. Da gab es zwar keine Freiheit, aber für alle Sklaven sichere Arbeitsplätze und keine unbekannten Gefahren. Das Essen dort war nicht gerade lecker, aber man wurde immerhin satt davon. Und ab und zu gab es sogar Fleisch. Ach, es war damals einfach besser als heute.

Kommt uns dieses Muster nicht irgendwie bekannt vor? Wie ich erst vor wenigen Tagen gehört habe, machen es eine ganze Reihe von Menschen in den neuen Bundesländern anscheinend auch nicht anders. Sie schwelgen in Nostalgie und glorifizieren die DDR-Vergangenheit. Die Schrecken und die Verlogenheit der kommunistischen Diktatur haben sie offenbar schon wieder vergessen. Ebenso die Misswirtschaft und den täglichen Mangel an so vielem, was das Leben angenehm macht. Und vor allem die Tatsache, dass das ganze Volk eingesperrt war hinter Mauer und Stacheldraht.

Aber ich will jetzt nicht zum Fenster hinaus reden. Fassen wir uns lieber an die eigene Nase. Übersetzt man die biblische Geschichte in unsere eigene Erfahrungswelt, dann kann man vielleicht so sagen: Wir Menschen sind immer wieder in Versuchung, dass wir den Mut verlieren vor den Herausforderungen des Lebens. Dass wir auf der Stelle treten und nach rückwärts schauen, statt den nächsten Schritt nach vorn zu tun.

Erinnern Sie sich noch an die Fernseh-Serie „Türkisch für Anfänger"? Da hat Teenie Lena mal wieder eine Dummheit gemacht. Und nun wird sie von ihrer Mutter dabei behaftet. Sie soll zu ihrem Fehler stehen und die Verantwortung dafür übernehmen. Denn das gehört zum Erwachsenwerden. Und was sagt Lena dazu? „Eins hab ich jetzt begriffen", sagt sie. „Erwachsenwerden ist scheiße."

Das ist ein bisschen grob ausgedrückt, aber im Kern durchaus nachvollziehbar. Erwachsenwerden ist ja wirklich kein Honigschlecken. Denn es bedeutet unter anderem, sich selbst zunehmend realistischer zu sehen. Also Fortschritte zu machen in Sachen Selbsterkenntnis. Das ist nun aber ein schwieriger, mühsamer und oft auch schmerzlicher Prozess. Deshalb ist Selbsterkenntnis nur selten anzutreffen.

Selbsttäuschung ist dagegen weit verbreitet. Sie ist der traurige Normalfall. Bei manchen geht sie so weit, dass sie regredieren, d.h. auf eine kindliche Entwicklungsstufe zurückfallen. Dann sind wie bei Lena grundsätzlich immer die anderen schuld, wenn etwas misslingt oder danebengeht. Viele seelische Schieflagen haben etwas damit zu tun, dass die betreffenden Leute sich im Grunde genommen weigern, erwachsen zu werden. Wenn man Brot und Wein mit dem Mut bezahlen muss, sich auf etwas Neues einzulassen und gewisse Unsicherheiten in Kauf zu nehmen, dann wollen sie lieber in der Wüste bleiben und dort den Traum von Milch und Honig weiterträumen. Oder aber schnurstracks zurückmarschieren in die ägyptische Fremdbestimmung, soll heißen: in die geistige Sklaverei einer Sekte oder in die engstirnige Scheinsicherheit des Fundamentalismus.

Ich finde, es sollte uns zu denken geben, dass Jesus nie und nirgends das Bild von Milch und Honig aufgenommen hat. Sein Lieblingsthema war das Gottesreich, das die gegenwärtigen Ängste und Ungerechtigkeiten überwindet. Und in dem Zusammenhang verweist er auf Brot und Wein.

Im Unterschied zu Milch und wildem Honig sind Brot und Wein Nahrungsmittel, an denen der Mensch mitgewirkt und mitgearbeitet hat. Im Brot und im Wein ist beides enthalten: die Kraft der Erde und der Segen des Himmels einerseits, doch ebenso auch viel menschliche Arbeit und eine große Portion Erfindungsgeist. Das Reich Gottes, zu dem wir gehören und für das wir uns einsetzen, ist dementsprechend kein Schlaraffenland. Es ist vielmehr eine Art Heimat und Ziel für die Menschen, die bereit sind, erwachsen zu werden, selber etwas anzupacken und dann auch die Verantwortung dafür zu übernehmen.

Das könnte sich nun so anhören, als käme es vor allem auf das an, was wir selber schaffen, leisten und zuwege bringen. In der Tat hängt davon eine ganze Menge ab, und ich finde es ärgerlich, wenn gewisse Gesangbuchverse das kleinreden wollen. Doch das Erste ist es nicht. Das Erste und Grundlegende ist dies, dass Gott uns mag. Er lässt seine Sonne scheinen über Vorwärts- und Rückwärtsorientierte. Und er schickt den Regen, dass Brotgetreide und Weintrauben wachsen können.

In der Begegnung mit Jesus kann uns die liebevolle Zuwendung Gottes zur tragenden und prägenden Erfahrung werden. Nicht zuletzt beim gemeinsamen Essen und Trinken. Beispielsweise im Abendmahl. Da sollen wir spüren: Jesus meint es gut mit uns. Gott meint es gut mit uns. Bevor wir etwas für ihn tun können, tut er etwas für und mit uns. Er sättigt und kräftigt uns wie das tägliche Brot. Sein Geist belebt uns und macht uns fröhlich wie der Wein. Auf dem Boden solcher Erfahrungen wächst dann auch der Mut, sich der Wirklichkeit zu stellen – und trotzdem die Hoffnung nicht fahren zu lassen, dass es einmal besser wird. Denn auf Gott ist Verlass.

Wenn ich recht sehe, dann war das auch damals, bei Josua und Kaleb, der Knackpunkt. Die Verlässlichkeit Gottes. Die hat den beiden Mut gemacht, den Traum von Milch und Honig hinter sich zu lassen und sich einzustellen auf die Chancen und Gefahren des neuen Lebensraumes. „Wenn Gott es gut mit uns meint" – so ihre Überlegung –, „dann wird er unseren Weg in die unbekannte Zukunft schon gelingen lassen." Allen Ängsten und allen Widerwärtigkeiten zum Trotz.

So sieht der Glaube die Dinge an, und das Abendmahl will uns darin bestärken. Wer sich darauf verlässt, dass Gott es gut mit ihm meint, der wird zukunftsfähig. Und er macht Fortschritte in einer Kunst, die Erich Kästner mit Recht gepriesen hat: in der Kunst, gescheit und trotzdem tapfer zu sein.

Situationsgerechtes Handeln und göttlicher Humor

1.Samuel 19,11-17

Im Alten Testament finden wir eine ganze Reihe von interessanten und lebensnahen Geschichten. Eine davon steht in 1.Samuel 19, also in dem Kapitel, das auf unsere Schriftlesung folgt. Mit den Versen 11-17 musste ich mich als Hebräisch-Lehrer immer wieder befassen. Aus dieser jahrelangen Beschäftigung mit dem Urtext ist die folgende Übersetzung hervorgewachsen. Sie klebt nicht am Wortlaut, sondern versucht, den Sinn so genau wie möglich zu erfassen.

Eines Nachts schickte Saul einen Kommandotrupp aus, um Davids Haus zu überwachen und ihn im Morgengrauen umzubringen. Michal, Davids Frau, hatte jedoch von der Sache erfahren. Sie warnte ihn: „Du musst dich noch heute Nacht in Sicherheit bringen, sonst bist du morgen ein toter Mann!" Daraufhin ließ sie ihn zum Fenster hinaus und hinab, sodass er flüchten und sich retten konnte. Anschließend nahm Michal den sog. „Teraphim", d.h. den fast mannshohen hölzernen Hausgötzen, legte ihn ins Bett, deckte ihn sorgfältig zu und setzte ihm eine Perücke aus Ziegenhaar auf den Kopf.

Als nun Saul dem Einsatzkommando den Befehl gab, David festzunehmen, da schickte Michal die Männer wieder zurück mit der Auskunft: „Das geht jetzt nicht, er liegt krank im Bett." Saul jedoch schickte das Kommando noch einmal hin mit dem Befehl, bis zu David vorzudringen. „Dann bringt ihn eben samt dem Bett zu mir", grollte er, „damit ich ihn töten lassen kann!"

Als sie daraufhin ins Haus eindrangen – da lag doch tatsächlich bloß der Teraphim im Bett und hatte das Ziegenfell auf dem Kopf. Saul war natürlich aufgebracht und stellte seine Tochter zur Rede: „Wie konntest du mich dermaßen hintergehen und meinen Todfeind entkommen lassen?" Doch Michal verteidigte sich: „Er hat mir gedroht: Lass mich gehen, sonst bringe ich dich um."

Glauben Sie, dass Gott allmächtig ist? Ganz im Ernst? Der Erzähler dieser Geschichte glaubt das offenbar nicht. Die verbreitete Vorstellung von Gottes Allmacht ist ihm fremd. Darin ist er Realist. Kein Gedanke daran, dass Gott etwa den bösen Saul in einen lieben verwandelte oder David gegen die lebensgefährlichen Nachstellungen abschirmte! Nüchtern, fast gnadenlos wird das Leben hier so gezeigt, wie es nun mal ist: mit seinen Ungerechtigkeiten, mit seiner ungleichen Machtverteilung, mit seiner Gefährlichkeit, mit den üblen Machenschaften missgünstiger Zeitgenossen. Und eben dieser Realismus, diese Absage an alle rosaroten religiösen Wunschvorstellungen macht die Geschichte glaubwürdig und bedenkenswert.

Tatsächlich ist der „allmächtige" Gott in der Bibel eine seltene und untypische Randerscheinung. Im Weltgeschehen ebenso. Die Zeitungsmeldungen eines einzigen Tages reichen schon aus, um den schlagenden Beweis dafür zu liefern. Große Theologen wie Dietrich Bonhoeffer oder Dorothee Sölle haben daraus den Schluss gezogen: Ehrlicherweise müssen wir zugeben, dass Gott in der Welt „ohnmächtig" ist, also völlig machtlos. Wenn sich da etwas zum Besseren wenden soll, müssen wir das schon selber machen.

Ich kann mich dieser Meinung nicht anschließen. Ich halte das für einen theologischen Kurzschluss. Man muss doch nicht gleich das Kind mit dem Bad ausschütten. Zwischen Allmacht und Ohnmacht liegt noch ein sehr weites Feld von Möglichkeiten und Abstufungen. Wenn Gott kein allgewaltiger Alleinherrscher sein mag, so war und ist er doch stark genug, um bestimmten Menschen in bestimmten Situationen wirksam zu helfen. Das steht für mich fest. Das habe ich in meinem eigenen Leben wieder und wieder erfahren.

Und so geht es ja auch aus unserer Geschichte hervor. Gott ist nicht einer, der die Gefahr wegzaubert. Aber er hilft in der Gefahr. Und er braucht dafür kein übernatürliches Wunder. So etwas kommt zwar gelegentlich auch vor, aber eben als Ausnahme. In der Regel hilft Gott so wie in dieser Geschichte. Also auf eine Weise, die man, wenn man will, ganz „natürlich" nennen kann.

Er hilft nicht selten durch die Klugheit, Entschlusskraft und Geistesgegenwart eines Menschen. Hier ist es Michal, Davids Frau. Und er hilft gelegentlich auch durch die Beschränktheit, Faulheit und Fahrlässigkeit von Menschen. Hier sieht das so aus, dass das Mordkommando nur die Haustür kontrolliert, aber die Rückseite des Hauses unbewacht lässt.

Gott begegnet und hilft uns in aller Regel nicht unmittelbar, sondern in Vermittlungsgestalten. Er wärmt uns zum Beispiel in den Sonnenstrahlen. Er sättigt uns im Brot. Er lacht uns an in den Augen eines Kindes. Und er begegnet uns in Menschen, die ein bisschen so sind wie Michal in dieser Geschichte.

Ich gestehe gern, dass mir das Verhalten dieser Frau Respekt, ja Bewunderung abnötigt. Immerhin steht sie im Konflikt zwischen ihrem Vater, der noch dazuhin König ist, und ihrem Mann, der es mit dem König verdorben hat. Der klassische Stoff für eine Tragödie, für ein Drama mit bitterem Ende.

Dass es anders kommt, das hängt offenbar damit zusammen, dass Michal „voll durchblickt", wie man heute sagt, und die richtigen Entscheidungen trifft. Und das wiederum hängt damit zusammen, dass Gott im Spiel ist. Das geht aus dem Zusammenhang hervor, in den unsere Geschichte eingebettet ist.

Die Gegenwart Gottes wirkt sich nun aber keineswegs dahingehend aus, dass es besonders moralisch zuginge in dieser Geschichte. Michal ist ja nicht gerade zimperlich in der Wahl ihrer Mittel. Oder sollte man besser sagen: Sie hat eigentlich gar keine Wahl? Wenn Davids Flucht gelingen soll, gehört das Täuschungsmanöver mit dem bettlägerigen Hausgötzen ja zu den durchaus angezeigten Vorsichtsmaßnahmen. Wenn man schon schwindeln muss, dann aber richtig und nicht wie ein Anfänger.

Auch die Auskunft, mit der Michal am Ende ihren eigenen Kopf aus der Schlinge zieht, liegt auf dieser Linie. „Mein Mann hat mir gedroht: Lass mich gehen, sonst bringe ich dich um" – das war ja eine glatte Lüge. Eine Notlüge, gewiss, aber ebenso gewiss eine völlig wahrheitswidrige Auskunft. Und doch ist man geneigt, vom Ablauf der Geschichte her zu sagen: Recht so, Michal! Mir jedenfalls geht es so, dass ich das Verhalten dieser Frau sympathisch und situationsgerecht finde. Und ich habe den Eindruck, das sei auch ganz im Sinne des biblischen Erzählers.

Tun, was vor Gott recht ist – das heißt eben nicht, sich stur an einen Katalog von Verhaltensregeln und Geboten zu halten. Gewiss, Ehrlichkeit und Wahrheitsliebe sind hohe Werte, und wir tun gut daran, uns danach zu richten. Auch im eigenen Interesse. Wer will denn schon, dass es von ihm heißt: „Auf dessen Geschwätz brauchst du nichts zu geben. Der lügt wie gedruckt. Wenn du dem auch nur die Hälfte glaubst, bist du noch belogen genug." – Hinzu kommt, dass Lügen oft kurze Beine haben. Soll heißen, man kommt nicht weit damit. Und wenn die Wahrheit dann doch ans Licht kommt, ist man blamiert. Manchmal bis auf die Knochen.

Ehrlich sein, die Wahrheit sagen – in den allermeisten Fällen ist das also richtig und wichtig. Aber in bestimmten Ausnahmesituationen kann es eben auch falsch und verhängnisvoll sein. Michal war in so einer Ausnahmesituation. Was wäre denn passiert, wenn sie ehrlich gewesen wäre? Sie hätte ihren Mann ans Messer geliefert! Und da sind wir uns doch hoffentlich einig: Die Rettung eines Menschenlebens ist im Zweifelsfall wichtiger als die Wahrung der eigenen Integrität, der eigenen Aufrichtigkeit. Darum ist es für mich gar keine Frage, dass Michal hier das Richtige gemacht hat. Zumal David, dem es an den Kragen gehen sollte, ja nichts verbrochen hatte. Mit Fug und Recht hat Michal ihm das Leben gerettet und ihrem Vater dafür einen Bären aufgebunden.

Daraus folgt für uns: Die Weisungen der Bibel, vor allem natürlich die Zehn Gebote, sind unentbehrliche Leitlinien. Doch wenn es hart auf hart geht, kommen wir gleichwohl nicht darum herum, die Lage möglichst klar ins Auge zu fassen und dann zu überlegen: Was passiert, wenn ich es so mache, und was passiert, wenn ich es anders mache? Ist das gut oder schlecht, was am Ende dabei herauskommt?

Ich will damit nicht behaupten, dass ein guter Zweck jedes Mittel heiligt. Oft genug ist es umgekehrt so, dass die zweifelhaften Mittel schließlich auch den Zweck verderben. Aber manchmal ist der Zweck so dringend, dass ausnahmsweise auch unheilige Mittel dafür herhalten müssen.

Diese Überlegung ist übrigens gar nicht so neu. Auch Martin Luther war überzeugt, dass Christen für ihr Tun und Lassen nicht einfach auf bestimmte Bibelsprüche zurückgreifen können (Von weltlicher Obrigkeit, Teil 3). Sondern es ist so: Am Anfang steht die Entscheidung, aus der geschenkten Erlösung zu leben und darum ein Mensch zu sein, der liebt und der betet. Alles Weitere ist eine Frage der Information, des Durchblicks und des Sachverstandes.

Ob es um Erziehungsfragen geht oder um die Behandlung von Mitarbeitern, um Eheprobleme oder um Streitfragen wie Militärdienst oder auch Homosexualität: Christlich an unserer Einstellung kann immer nur die Grundentscheidung sein, zu glauben, zu lieben und zu beten. Was dann noch kommt, sind Ermessensfragen. Und da gehen dann die Meinungen auseinander. Auch unter Christen, wie Sie wissen.

Ich möchte annehmen, dass auch Michal ein betender Mensch gewesen ist. Also jemand, der regelmäßig das Gespräch mit Gott gesucht hat. Wie komme ich darauf?

Die Erfahrung lehrt, dass betende Menschen nicht so leicht die Nerven verlieren. Gerade dann, wenn es gefährlich wird, behalten sie oft einen kühlen Kopf und tun mit sicherer Hand, was nötig ist. Darauf will ja auch die kleine Geschichte von der Gebirgswanderung hinaus, bei der ein Bürgermeister und ein Pfarrer dabei waren. Nachts bricht in der Schutzhütte plötzlich ein Feuer aus. Und was passiert jetzt? Der Bürgermeister fängt an zu jammern und zu beten, obwohl es ihm schwer fällt, weil er es nicht gewohnt ist. Der Pfarrer dagegen gebraucht erst mal einen Kraftausdruck, und dann löscht er den Brand.

Darum nehme ich an, dass auch Michal eine lebendige Gottesbeziehung hatte. Ausdrücklich gesagt wird das freilich nicht. Der Erzähler dieser Geschichte hält offenbar nichts davon, den Mund voll zu nehmen mit frommen oder gar frömmelnden Worten. Dass es im Grunde um das rettende Eingreifen Gottes geht, das ergibt sich ganz unaufdringlich aus dem Gesamtzusammenhang, in dem unsere Geschichte steht.

Auch diese Beobachtung könnte Folgen haben für die Art, wie wir als Christen leben. Wir gehören in einen Gesamtzusammenhang hinein, der die Überschrift trägt: „Ich glaube an Jesus Christus." Wenn das klar ist, dann brauchen wir nicht fortwährend fromme Reden im Mund zu führen. Ich würde sogar sagen: Je weniger wir das tun, umso besser! Die nüchterne, klare Alltagssprache wirkt meist vertrauenerweckender als etwa die salbungsvollen Töne gewisser Traktätlein.

Zum Schluss will ich noch einen tröstlichen Gesichtspunkt nennen. In früheren Zeiten haben große Theologen manchmal gesagt, diese oder jene positive Entwicklung sei zustande gekommen *„Dei providentia et confusione hominum"*, auf Deutsch: durch die Vorsehung Gottes und die Verwirrung der Menschen. Dass es wirklich so ist, das kann man verfolgen durch die ganze Davidsgeschichte hindurch, durch die Geschichte Israels und nicht zuletzt durch die Kirchengeschichte. Da besteht wahrlich kein Mangel an Irrungen und Wirrungen. Und es ist erstaunlich, dass ein „Unternehmen" (sage ich jetzt einmal), das so viel falsch gemacht hat, nicht längst untergegangen ist.

Das mag verschiedene Gründe haben. Einen davon nennt möglicherweise das Lied EG 361,5 :

Und ob gleich alle Teufel hier wollten widerstehn,
so wird doch ohne Zweifel Gott nicht zurückegehn.
Was er sich vorgenommen und was er haben will,
das muss doch endlich kommen zu seinem Zweck und Ziel.

Merkwürdige Umwege sind dabei keine Seltenheit. Aber Gott kann auch auf krummen Linien gerade schreiben. Aus dem Mutterboden dieser Zuversicht wächst das kostbare Kraut „Gelassenheit". Und gleich daneben grünt und blüht der Humor.

Ich stelle mir vor, dass es um die Mundwinkel des Erzählers verdächtig gezuckt hat, als er von der Überlistung der königlichen Schergen berichtet hat. Von ihrer Beschränktheit und von ihrer sichtlichen Verwirrung, als die Verhaftungsaktion nicht nach dem gewohnten Schema laufen wollte.

Auch die Rollenverteilung zwischen David und Michal verlockt den kundigen Leser oder Hörer zum Schmunzeln. Der berühmte, mit allen Wassern gewaschene Kriegsheld verkennt die Gefahr und entgeht nur mit knapper Not einem unrühmlichen Ende. Seine Frau dagegen – eine „schwache" Frau, wie man unter Männern lange Zeit zu sagen pflegte – , die ist völlig Herr der Lage und weiß genau, was zu tun ist.

Ein geradezu göttlicher Sinn fürs Komische leuchtet schließlich darin auf, dass selbst der hölzerne Hausgötze noch mithelfen muss, um David zu retten. In der Glaubensgeschichte Israels galt der geschnitzte Teraphim später natürlich als heidnischer Unfug, als abergläubisches Überbleibsel aus finsterer Vorzeit. Und so haben die späteren Hörer und Leser dieser Geschichte es sicherlich als eine Affenschande empfunden, dass auch der fromme und vielfach bewunderte David einen von diesen schnöden Götzen im Haus hatte.

Aber der Gegenstand dieser bedauerlichen religiösen Verirrung ist immerhin gut genug, die Häscher ihrerseits in die Irre zu führen – und so das irrsinnige Vorhaben Sauls zu vereiteln. Eine Ziegenhaar-Perücke am rechten Fleck macht's möglich. Und jetzt soll mir noch einer kommen und behaupten, Gott habe keinen Sinn für Humor!

Gottes Geist und der gesunde Menschenverstand

1.Samuel 25,1b-42[1]

Wir kennen David als mutig-anmutigen Hirtenknaben, als Harfenspieler und Psalmdichter und dann natürlich als mächtigen König. Dass er dazwischen eine wilde und abenteuerliche Zeit durchlebt hat, ist weniger bekannt. Vielleicht wissen wir noch, dass der alte König Saul den David umbringen wollte. Aus Konkurrenzneid. Und dass David deshalb jahrelang auf der Flucht war. Aber was hat er in all den Jahren eigentlich getrieben?

Dazu möchte ich Ihnen heute eine Geschichte erzählen. Lehnen Sie sich zurück, (so gut das in den unbequemen Kirchenbänken geht,) entspannen Sie sich, und wenn Sie möchten, schließen Sie für eine Weile die Augen. Die inneren Bilder werden Sie dann umso besser sehen.

Vor uns liegt jetzt ein Bergland mit tief eingeschnittenen Tälern. An den Hängen wächst Gras. Es fängt gerade an gelb zu werden, denn es hat schon eine ganze Zeit lang nicht mehr geregnet. Der Wasserlauf im Talgrund ist schon so gut wie ausgetrocknet.

---

[1] Ohne Verlesung des Bibeltextes

Normalerweise weiden hier Schafe und Ziegen. Aber seit einer Woche sind die Schafe verschwunden. Man hat sie zusammengetrieben und zu einem kleinen Dorf gebracht, das nicht weit von hier an einem Berghang liegt. Denn es ist jetzt Zeit, die Schafe zu scheren und von ihrem dicken Wollpelz zu befreien.

Weiter oben im Tal, versteckt hinter der nächsten Biegung, können wir eine Ansammlung von Zelten entdecken. Eine Gruppe von Männern hat dort ihr Lager aufgeschlagen. Lauter verwegene Gesellen, die aus der zivilisierten Gesellschaft fliehen mussten. Weil sie mit dem Gesetz in Konflikt geraten sind oder weil sie Schulden hatten, die sie nicht bezahlen konnten. Oder weil jemand hinter ihnen her war, der sie lieber tot als lebendig gesehen hätte. So war es jedenfalls bei David, dem Anführer. König Saul hätte ihn gern einen Kopf kürzer gemacht. Aber hier in der Steppe, weit weg von der Hauptstadt, war David vor Sauls Nachstellungen sicher. Umso mehr, als er lauter Männer um sich hatte, die mit Waffen sehr wohl umzugehen wussten.

Freilich: So eine Mannschaft braucht etwas zu kauen und zu beißen. Sie muss verpflegt werden. Und das ist manchmal gar nicht so einfach. Gut, hie und da hätte man ein paar Schafe stehlen können. Oder ein paar Ziegen. Aber das wollte David nicht. Er legte Wert darauf, mit den Hirten im Umland gut auszukommen und ihnen keine Scherereien zu machen. Denn sie hätten die Sache ausbaden müssen beim Besitzer der Herden. Der hieß Nabal und war ebenso geizig, wie er reich war. Obendrein war er bekannt als bösartiger Grobian. Wenn es Verluste gab bei den Tieren, dann machte er die zuständigen Hirten zur Schnecke. Das war klar.

Aber jetzt war Schafschur, sozusagen das Erntefest der Schafzüchter. Schafwolle war damals kostbar. Denn von der Baumwolle wusste man noch nichts und die Synthetik-Fasern waren erst recht noch nicht erfunden. Wolle brachte Reichtum. Und so wurde am Ende der Schafschur immer ein rauschendes Fest gefeiert, mit reichlich Essen und Trinken und allem, was so dazugehört.

Davon wollte David nun auch ein wenig profitieren. Er schickte zehn junge Männer zu Nabal und ließ ihm folgendes ausrichten:

„Ich, David, wünsche dir alles Gute, viel Glück und viel Segen für dich und deine Familie und deinen ganzen Besitz. – Ich habe gehört, dass du deine Schafe scheren lässt. Da wollte ich dich höflich daran erinnern, dass deine Hirten die Schafe ganz in unserer Nähe weiden ließen. Wir haben ihnen nichts zuleide getan, und in der ganzen Zeit ist ihnen kein einziges Schaf abhandengekommen. Frag sie nur, sie werden es dir bestätigen. Nimm also meine Boten freundlich auf. Heute ist doch ein Festtag für dich. Sei darum so gut und gib ihnen mit, was du für David, deinen ergebenen Diener, erübrigen kannst."

Höflicher hätte man das kaum sagen können. Trotzdem hat die Sache natürlich einen verdächtigen Beigeschmack. Sie schmeckt – sagen wir es offen – nach Schutzgeld-Erpressung, mithin nach Mafia-Methoden. Aber von irgendelwas muss der Mensch nun mal leben. Und wenn die russische oder italienische Mafia so anständig wäre wie David in dieser Geschichte, dann hätte unsere Welt ein paar Probleme weniger.

Nabal hätte ganz gut ein paar Nahrungsmittel entbehren können. Das hätte ihm nicht weh getan. Denn seine Herden waren riesig und umfassten einige tausend Tiere. Aber er war ein Geizkragen. Und so können Sie sich denken, was er Davids Boten geantwortet hat.

„Euer David, der hat wohl ein Rad ab! Der tickt wohl nicht richtig! Was geht mich denn dieser Herumtreiber mit seiner Räuberbande an? Da könnte ja jeder kommen und absahnen wollen. – Oh nein. Mein Brot, mein Bratfleisch und Trinkwasser brauche ich für mich und meine Schafscherer. Für dahergelaufenes Gesindel habe ich nichts übrig!"

Was sollten die Boten machen? Sie kamen mit leeren Händen zu David zurück. Der fand das nun gar nicht lustig, sondern hochgradig ärgerlich. „Na, dem werde ich es zeigen! Schnallt die Schwerter um! Ein Drittel von euch bewacht das Lager. Die anderen kommen mit! Mir nach! Und zwar sofort!"

Jetzt war Feuer unterm Dach. Und die Katastrophe hätte ihren Lauf genommen, wenn ... ja, wenn da nicht Nabals Frau gewesen wäre. Sie hieß Abigajil und war nicht nur ausnehmend hübsch, sondern auch deutlich gescheiter als ihr Gatte. Wir Männer hören das ja nicht so gern, aber es kommt tatsächlich vor, dass die Frauen es besser wissen. Nicht umsonst heißt es im Märchen: „Da der Mann nun klug war und stets auf seine Frau hörte ..."

Mein Großvater, das muss ich hier einflechten, war Bauer und Gastwirt und obendrein ein leidenschaftlicher Pferdehändler. Eines Tages war er mal wieder unterwegs, um einen neuen Gaul zu kaufen. Doch trotz langen Verhandelns kam und kam das Geschäft nicht zustande. Schließlich wurde es meinem Großvater zu dumm und er wandte sich an die Frau des Hauses. Und zwar mit den Worten: „ Sie sind doch so eine kluge, nette und sympathische Frau. Jetzt sagen Sie bloß: Wie haben Sie so ein granatenmäßiges Rindvieh heiraten können?"

Ich weiß nicht, ob mein Großvater damals eine Antwort bekommen hat. Ich schätze mal, eher nicht. Aber das weiß ich: Die Abigajil, die hatte mit ihrem Mann offenbar auch so ein „granatenmäßiges Rindvieh" erwischt. Wahrscheinlich sogar ohne eigene Schuld. Denn eine Heirat wurde damals noch zwischen den Familienvätern ausgehandelt. Jedenfalls war das die Regel.

Doch zurück zu unserer Geschichte. Einer von Nabals Knechten hatte den hellen Einfall, zu Abigajil zu laufen und ihr die Sache zu erzählen. Und diese clevere Frau hatte genug Phantasie, um sich auszumalen, was jetzt passieren würde. Welches Unheil sich da zusammenbraute. Und sie hatte die Entschlusskraft, um geeignete Gegenmaßnahmen zu treffen.

In aller Eile ließ sie ein paar Esel beladen, und zwar nicht zu knapp. 200 Fladenbrote, 200 Portionen Feigenmark, 100 gepresste Rosinenriegel, ein Sack geröstete Körner, fünf geschlachtete Schafe und zu guter Letzt noch zwei große Lederkanister mit Wein. Das alles ließ Abigajil auf die Esel packen. Ihrem Mann sagte sie wohlweislich nichts davon. Es gibt nun mal gewisse Umstände, wo der Ehepartner nicht alles zu wissen braucht. Vor allem dann, wenn er es sowieso nicht verstehen würde.

Abigajil schickte ein paar Knechte mit den beladenen Eseln voraus, den Berg hinunter, David entgegen. Sie selbst setzte sich ebenfalls auf ihren Esel und kam hinterhergeritten. Als der Weg um eine Bergflanke bog, sah sie, wie David mit seinen Männern ihr entgegenkam.

David war auf hundertachtzig, das merkte man gleich. Denn er schimpfte wie ein Rohrspatz, und weil er ein Orientale war, tat er es so laut, dass man es weithin hören konnte. „Das ist doch unglaublich! Für nichts und wieder nichts habe ich in der Steppe alles beschützt, was diesem Schuft gehört! Nicht ein Stück Vieh ist ihm weggekommen. Nur Gutes habe ich ihm getan – und das ist jetzt der Dank dafür! Gott soll mir alles Mögliche antun, wenn dieser Nabal morgen früh von all seinen Leuten noch einen hat, der an die Wand pissen kann!"

Zugegeben: Das ist nicht gerade fein ausgedrückt und sprengt den sprachlichen Rahmen, den wir im Gottesdienst gewohnt sind. Doch ob es uns gefällt oder nicht: Genau so steht es in der Hebräischen Bibel. Und es ist realistisch. Denn wenn man eine Wut im Bauch hat, dann liegen die groben Worte allemal näher als die feinen. Und wenn es dumm geht, dann trifft die Wut auch noch die Falschen. Nabals Männer, die jetzt um ihr Leben bangen müssen – was können die denn dafür, wenn ihr Chef so ein Sturkopf ist?

Man könnte meinen, dass Abigajil sich von Davids groben Worten einschüchtern ließe. Tut sie aber nicht. Sie steigt zwar von ihrem Esel und wirft sich vor David nieder. Aber das hat sie sowieso vorgehabt. Das gehört zu ihrem Plan.

„Bitte hör mich an!", sagt sie zu David. „Lass es dir erklären! Nabal ist ein Dummkopf. Den darfst du nicht ernst nehmen. Und ich war leider nicht da, als deine Boten kamen. Aber jetzt bin ich da. Und das ist gut so. Denn so hindert dich Gott daran, Rache zu nehmen und dabei schwere Schuld auf dich zu laden. – Sei so gut und nimm an, was ich dir und deinen Leuten als Geschenk mitgebracht habe. Wenn du erst mal König bist, wirst du froh sein, dass dein Gewissen rein ist und an deinen Händen kein unschuldiges Blut klebt."

David ist sichtlich beeindruckt. Sein Zorn verraucht, und als er wieder klar denken kann, geht ihm auf, dass diese Frau ihn gerade vor einem großen Unrecht bewahrt hat. „Gepriesen sei deine Klugheit!", sagt er zu ihr. „Und gepriesen sei Gott, dass er dich mir entgegengeschickt hat! Ohne dein Dazwischentreten hätte ich jetzt einen bösen Fehler gemacht und es hätte Mord und Totschlag gegeben. – Hör zu: Du kannst unbesorgt nach Hause gehen. Dir und deinen Leuten wird nichts passieren."

Das lässt sich Abigajil natürlich gern sagen. Erleichtert lenkt sie ihren Esel wieder nach Hause. Dort trifft sie ihren Mann so an, wie keine Ehefrau ihren Mann anzutreffen wünscht: nämlich stockbesoffen, blau wie ein Veilchen. Deshalb wartet sie bis zum andern Morgen, ehe sie ihm die Sache erzählt.

Was glauben Sie wohl, wie Nabal jetzt reagiert? Schlägt er Krach? Macht er ein Riesentheater? Nein. Er kommt gar nicht dazu. Denn als der alte Geizhals hört, was passiert ist, trifft ihn der Schlag. Und wenige Tage später ist der alte Geizhals mausetot.

Aber das Beste kommt erst noch. Als David davon erfährt, lässt er bei der hübschen Witwe anfragen, ob sie nicht Lust hätte, seine Frau zu werden. Und Abigajil lässt sich nicht lange bitten und sagt Ja. So besonders traurig über Nabals Ableben scheint sie nicht gewesen zu sein. So findet die Geschichte ihr Happy-End und wartet jetzt eigentlich nur noch darauf, dass einer kommt und einen Film fürs ZDF daraus macht.

Na schön. Aber ist das auch eine Geschichte für den Gottesdienst? Vielleicht rumort schon seit geraumer Weile in Ihnen die Frage: Hm – was soll ich denn als Christ mit dieser Geschichte anfangen? Was hat das alles damit zu tun, wie wir heute an Gott glauben und sein Wirken erfahren? – Nun, ich denke, die Antwort darauf ist gar nicht so schwer. Gott ist in dieser Geschichte nämlich so anwesend, wie er es auch in unserem Leben ist. Und darum liebe ich diese Geschichte.

Gott handelt hier so, wie er meistens handelt, damals wie heute. Unaufdringlich, aber zuverlässig. Er sorgt schon dafür, dass die Leute, die ihm vertrauen, nicht zu kurz kommen. Er versorgt David und seine Mannschaft nicht nur mit dem täglichen Brot, sondern gelegentlich auch mit Braten und Wein, Feigenmark und Rosinen. Er hindert David daran, einen schlimmen Fehler zu machen und schwere Schuld auf sich zu laden. Und schließlich lässt er ihm sogar eine ebenso hübsche wie kluge Frau zukommen.

Das alles wird uns erzählt ohne Weihrauchschwaden, ohne salbungsvolle Frömmelei, ohne religiöse Betulichkeit. Gott handelt hier ganz weltlich, ganz praktisch und so lebensnah, wie es nur geht. Er handelt in der bodenlosen Dummheit und

Gier eines Nabal, die sich am Ende als tödlich erweist. Und er handelt erst recht in der Klugheit einer Abigajil und in ihrem Mut, eine selbständige Entscheidung zu treffen.

Ja, Moment mal: Tut Abigajil in dieser Geschichte nicht einfach das, was der gesunde Menschenverstand ihr eingibt? Richtig. Genau das tut sie. Aber der gesunde Menschenverstand und der Geist Gottes, die können einander sehr gut leiden. Sie sind richtig dicke Freunde. Die Bitte um den Heiligen Geist ist darum eng verwandt mit jener anderen, die da auf schwäbisch heißt: „Herr, schmeiß Hirn ra (d.h. herab)!" Vor allem in Stuttgart, in Berlin, in Brüssel und wo sonst noch regiert wird.

Gottes Geist und der gesunde Menschenverstand, die beiden sind ein unzertrennliches Freundespaar. Woher ich das weiß? Von keinem Geringeren als von Jesus. Der war ja nun wirklich erfüllt und geleitet vom Heiligen Geist. Spätestens seit seiner Taufe, wie uns die Evangelien erzählen. Und was macht er im Streitgespräch mit den Pharisäern und Schriftgelehrten, in der Diskussion um die Reinheitsvorschriften beim Essen? Er argumentiert ganz eindeutig mit der Vernunft, mit dem gesunden Menschenverstand. So haben wir es in der Schriftlesung gehört (Markus 7,14-19).

Wenn ich Jesus recht verstehe, will er uns an dieser Stelle sagen: Was ein Mensch als Nahrung zu sich nimmt, mag unter Umständen ja ungesund sein. „Junkfood", wie man es auf neudeutsch nennt und bei MacDonald's kauft. Aber auch der ungesündeste Fraß kann uns nicht trennen von Gott. Denn was zum Mund hineingeht, sagt Jesus, das kommt nicht ins Herz. Es vergiftet nicht die Seele und den Charakter. Sondern es kommt in den Magen-Darm-Trakt und wird verstoffwechselt. Und was dabei übrig bleibt, wird wieder ausgeschieden.

So etwas sagt einem der gesunde Menschenverstand, so man ihn denn hat. Und mit Berufung auf eben diesen gesunden Menschenverstand hat Jesus die Speisevorschriften, die im Alten Testament ganze Seiten füllen, ratz-fatz außer Kraft gesetzt. Dabei klingen die doch so, als wären sie das heilige, ewige und unwiderrufliche Wort Gottes. Aber Jesus Christus, unser Herr, spricht hier ein klares und befreiendes Nein. Biblische Vorschriften, die ganz offensichtlich von falschen Voraussetzungen ausgehen, sind für ihn nicht der Wille Gottes, sondern schlicht und einfach – Unsinn.

Wohlgemerkt: Das ist (schwäbisch gesagt) nicht auf meinem Mist gewachsen, sondern das sagt Jesus in Markus 7. Und so kommt es, dass wir Christen bedenkenlos Schwarzwurst oder Schweinefleisch essen – beides Dinge, die im Alten Testament streng verboten sind (Leviticus/3.Mose 7,22-27; 11,1-8). Soweit ich sehe, haben auch unsere konservativen Brüder und Schwestern da keine Gewissensbisse, wenn sie beim Metzger einkaufen.

Übrigens, wenn Sie die Geschichte von David und Abigajil nachlesen wollen: Sie steht in 1.Samuel 25. Und ich möchte zum Schluss noch zwei Sätze dazu sagen.

Satz 1: Wenn Sie als Frau das Gefühl haben: Also verglichen mit dem Nabal ist mein eigener Ehemann eigentlich gar nicht so übel, dann haben Sie aus dieser Geschichte etwas Wichtiges mitgenommen.

Satz 2: Wenn Sie als Mann eine Frau haben, die ein biss-chen so ist wie die Abigajil in dieser Geschichte, dann kann ich nur sagen: Herzlichen Glückwunsch – und danken Sie Gott dafür.

Wie hilft Gott, wenn er nicht allmächtig ist?

1.Samuel 30,1-8

Vor einiger Zeit bin ich an eine Geschichte geraten, die im Hebräisch-Unterricht am Blaubeurer Seminar eine gewisse Rolle spielt und die mir darum längst bekannt war. Nur hatte ich ihr bisher kaum eine aktuelle Bedeutung beigemessen. Aber wie es so geht: Jetzt fing diese alte Geschichte auf einmal an, zu reden und mir etwas zu sagen. Es geht um 1. Samuel 30, Vers 1 bis 8. Weil mich keine der gängigen Übersetzungen so richtig überzeugt hat, lese ich die Geschichte in meiner eigenen und – wie ich gern zugebe – interpretierenden Übertragung.

Nach dreitägiger Abwesenheit kam David mit seinen Kriegsleuten nach Ziklag zurück (, wo er seit einiger Zeit wohnte und das Kommando führte). Da stellte es sich heraus, dass die Amalekiter inzwischen in das Südland, sprich: in die Negev-Region eingefallen waren. Sie hatten Ziklag überfallen, geplündert und in Brand gesteckt. Die Frauen und alles, was sonst noch da war, groß und klein, hatten sie zwar nicht umgebracht, aber gefangen genommen und beim Abzug verschleppt, darunter auch die zwei Frauen Davids.
Als David und seine Leute nun sahen, was geschehen war, brachen sie in lautes Weinen aus und weinten bis zur Erschöpfung.

Dann geriet David in große Gefahr. Seine Krieger dachten laut darüber nach, ihn zu steinigen, weil alle sehr erbittert waren über den Verlust ihrer Söhne und Töchter. (Immerhin war es ja Davids Idee gewesen, die Heimatstadt längere Zeit ohne militärischen Schutz zu lassen.) Aber David machte sich stark bei seinem Gott.

„Bring mir doch die Orakeltasche!", sagte er zu Abjathar, dem Priester. Als Abjathar mit der Tasche da war, stellte David seine Frage an Gott: „Soll ich diese Bande verfolgen? (Hat das einen Sinn?) Werde ich sie einholen?" Und Gott gab ihm zur Antwort: „Verfolge sie! Denn du wirst sie garantiert einholen und die Gefangenen mit Sicherheit befreien."

Soweit diese Geschichte. An ihr ist mir einmal mehr der Unterschied aufgegangen zwischen dem Handeln Gottes, wie wir es uns manchmal wünschen, und den echten Erfahrungen, die wir mit Gott machen können. Namhafte Religionskritiker wie Ludwig Feuerbach oder Sigmund Freud haben dem biblischen Gottesglauben ja vorgeworfen, er sei eine kindlich-unreife Wunschvorstellung, die an der Realität vorbeigeht. Aber trifft das denn wirklich zu bei dieser Geschichte?

Als David mit seinen Mannen von Ziklag aufbrach, um sich an einer größeren Militäraktion der Philister zu beteiligen, da hegte er doch ganz bestimmt den Wunsch, Gott möge inzwischen das Städtchen samt den Frauen und Kindern in Obhut nehmen und aufpassen, dass da nichts Schlimmes passiert. Anders kann man sich das doch gar nicht vorstellen. Und natürlich wollte er sieg- und ruhmreich zurückkehren, vielleicht sogar fette Beute mitbringen und sich dann ein wenig im Glanz seiner Heldentaten sonnen.

Wie tut das doch gut, wenn man bewundert wird von einem Publikum, das begeistert Beifall klatscht! Wie wird einem alten Kämpfer warm ums Herz, wenn die glänzenden Augen einer Frau zu ihm aufschauen! Und wenn man so wie David gleich zwei Frauen hat, verdoppelt sich natürlich der Effekt. Vier Augen sehen nicht nur mehr als zwei, sie glänzen auch mehr. Jedenfalls solange alles nach Wunsch läuft.

Strahlende Augen voller Bewunderung – so ähnlich hat sich David das wohl vorgestellt. Aber es kommt anders. Der geplante Militärschlag entpuppt sich als ein Schlag ins Wasser. Die Philisterfürsten schätzen David, den Hebräer, nämlich ein als politisch unzuverlässig. Sie lassen ihn und seine Mannen gar nicht mitmachen. Und so geht die Sache aus wie das Hornberger Schießen. Unverrichteter Dinge kommt David zurück mit seiner Truppe, alle einigermaßen enttäuscht und ziemlich sauer, weil nichts zu holen war außer ein paar Blasen an den Füßen.

Und was finden sie daheim vor? Eine Situation, die buchstäblich zum Heulen ist! Die Heimatstadt in Schutt und Asche. Die Frauen allesamt verschleppt, die Kinder mit ihnen – und ansonsten vom Hab und Gut alles abgeräumt, was nicht niet- und nagelfest ist. Die Amalekiter, räuberische Beduinen und weithin gefürchtet, haben mal wieder ganze Arbeit geleistet.

Und Gott? Wo war der eigentlich, als die Stadt überfallen wurde? Allem Anschein nach hat er keinen Finger krumm gemacht, um das Unheil abzuwenden oder einzudämmen. Dabei hätte er das in seiner Allmacht doch ganz leicht tun können. – Oder vielleicht doch nicht?

Im Lauf der Jahre hat sich bei mir der Eindruck verfestigt: Das, was sich viele Leute unter einem allmächtigen Gott vorstellen, das hat tatsächlich viel von einer kindlichen Wunschvorstellung. Ein Gott, der alles Leid von uns fern hält und im Handumdrehen alles zum Guten wendet, womöglich noch so, dass wir selber nichts dafür tun müssen – das hätten wir wohl gern. Doch die biblischen Gotteserfahrungen sehen in aller Regel anders aus. Sie sind viel realistischer. Gott erweist sich darin als starker Freund und Helfer, das wohl. Aber er hilft anders, als wir Menschen uns das oft wünschen und vorstellen. Die Geschichte, um die es heute geht, zeigt das ja wohl deutlich genug.

Ich möchte dieser Geschichte gern noch ein wenig folgen, aber zuvor eine Zwischenüberlegung einschieben. Gescheite Menschen haben immer wieder darauf hingewiesen, wie nötig es sei, sich gegen die Wechselfälle des Lebens innerlich zu wappnen. Ein festes Herz gewinnen, Gleichmut und Gelassenheit erlangen und schließlich einer werden, den nichts mehr erschüttern kann – das wär's doch.

Tatsächlich ist das Leben nun mal so eingerichtet, dass immer wieder etwas schief geht. Wer dann nicht gleich durchdreht und die Nerven verliert, sondern cool bleibt und einen klaren Kopf behält, ist sicher gut beraten. Aber wenn es einen so dick erwischt wie David und seine Männer in dieser Geschichte, dann muss man auch einmal seine Hemmungen vergessen können und seinen Tränen freien Lauf lassen. Es kostet zu viel Energie, sie zurückzuhalten. Energie, die an anderer Stelle dringend gebraucht wird. Darum sage ich, und das aus eigener Erfahrung: Wenn es Ihnen mal echt zum Heulen ist, dann tun Sie es doch einfach! Sie werden merken, wie das entlastet und zu neuem Handeln befreit.

So ist es ja auch hier in dieser abenteuerlichen Geschichte: Nachdem die Männer sich so richtig ausgeheult haben, spüren sie wieder die Kraft in sich, etwas zu unternehmen. Der erste Gedanke, der ihnen da kommt, ist sicher noch nicht der beste. Aber er ist aus der Situation heraus verständlich. Sie suchen einen Sündenbock, an dem sie ihren ohnmächtigen Zorn, ihren Schmerz und ihre Erbitterung abreagieren können. Und so überlegen sie, ob es nicht an der Zeit wäre, Steine aufzulesen – es liegen ja genug davon herum – und den David damit tot zu schmeißen. Diesen David, der ihnen die ganze Suppe eingebrockt hat. Was da so gründlich schief gegangen ist, war ja schließlich seine Idee.

Für David spitzt sich die Lage damit zu. Jetzt wird es vollends ungemütlich. Jetzt wird es wirklich eng für ihn, wie der hebräische Urtext hier ganz wörtlich sagt. Aber David lässt den Kopf nicht hängen, verliert nicht die Nerven, versucht auch nicht zu fliehen. Er kennt eine Kraftquelle, die über die menschlichen Möglichkeiten hinausgeht. Er holt sich Kraft und Mut bei seinem Gott. Und das ist ja wohl auch der Grund, warum der biblische Gottesglaube bis heute eine attraktive Sache ist und bleibt: Er eröffnet den Zugang zu einer Kraftquelle, die spätestens dann, wenn's kritisch wird, von unschätzbarem Wert ist. Ich jedenfalls möchte nicht verzichten auf diese Rückenstärkung.

Eine Orakeltasche haben wir freilich heute nicht mehr, und selbst wenn wir sie hätten, könnten wir wohl kaum damit umgehen. Die richtige Handhabung war auch damals schon ein Geheimnis, gut gehütet von den Priestern, die Bescheid wussten. Und irgendwann ist man dann von dieser praktischen Einrichtung abgekommen. Warum? Das weiß ich auch nicht. Manchmal, wenn ich vor einer schwierigen Entscheidung stehe und nicht recht weiß, was ich machen soll, dann finde ich das mit der verschwundenen Orakeltasche ein bisschen bedauerlich. So eine göttliche Erfolgsgarantie, wie David sie hier mit auf den Weg bekommt, die würde ich mir ab und zu auch wünschen.

Aber wichtiger ist wohl dies, dass David überhaupt in dieser kritischen Lage erst einmal Kontakt aufnimmt mit Gott – und nicht versucht, sich irgendwie selber durchzuwursteln. Es sieht ja ganz danach aus, als hätte Gott nur auf Davids Anfrage gewartet, um endlich aktiv zu werden und helfend einzugreifen. Es sieht ganz so aus, als läge Gott viel daran, dass wir ihn fragen und einbeziehen. So viel, dass er mit seiner Hilfe wartet, bis wir uns bei ihm melden.

Ich will das nicht verabsolutieren. Bestimmt tut Gott jeden Tag eine ganze Menge für uns, ohne dass wir ihn ausdrücklich darum bitten. Er lässt seine Sonne scheinen über Böse wie Gute und lässt regnen über Gerechte und Ungerechte, wie es bei Matthäus heißt. Doch die andere Erfahrung gibt es eben auch: Manchmal startet Gott seine Hilfsaktionen erst dann, wenn er Menschen findet, die ihn um Rat fragen und die bereit sind zu einer vertrauensvollen Zusammenarbeit.

Viele Jahre habe ich in einem ehemaligen Benediktinerkloster gelebt. Der Leitspruch der Benediktiner hieß: Ora et labora – bete und arbeite. Nach der sogenannten Cluniazensischen Reform wurde das nach der einen Seite hin übertrieben. Die Mönche in Blaubeuren kamen buchstäblich vor lauter Beten nicht mehr zum Arbeiten.

Wenn wir heute mit dem Leben zurechtkommen wollen, dürfte das kaum ein brauchbares Modell sein. Aber ich habe den Eindruck, dass wir jetzt nicht selten den entgegengesetzten Fehler machen. Wir neigen eher dazu, zu wenig zu beten und viel zu viel selber machen zu wollen. Und wir bringen uns damit in einen Stress, der unmöglich gesund sein kann und der durchaus vermeidbar wäre. Ganz abgesehen davon, dass manches schlicht über unsere Kraft geht oder überhaupt jenseits der Machbarkeit liegt.

Übrigens, weil Sie das ja vielleicht doch wissen wollen: David hat seine zwei Frauen zurückbekommen. Es war nicht einfach, aber am Ende hat er den Amalekitern alles wieder abgenommen und alle Gefangenen befreit.

Die Erfahrung, die sich in dieser alten Geschichte spiegelt, finde ich ermutigend. Darum möchte ich sie gern Ihnen und auch mir selbst in die neue Woche mitgeben: Gott wartet auf Menschen, die bereit sind zur Zusammenarbeit mit ihm. Solchen Menschen erschließt er ein neues Lebensgefühl und neue Möglichkeiten. Manchmal ungeahnte Möglichkeiten.

Es lohnt sich also, Gott um Rat zu fragen und um Hilfe zu bitten. Oft ändert sich dadurch tatsächlich etwas an der

Sachlage. Und sei es nur deshalb, weil sich in uns etwas verändert hat.

Vielfach ist das ja schon das Entscheidende, dass wir ein Problem mit anderen Augen sehen lernen und mit einer anderen Einstellung an die Sache herangehen. Beispielsweise mit mehr Tatkraft und Selbstvertrauen, mit mehr Zuversicht und Optimismus. Oder vielleicht auch mal mit mehr Geduld und Gelassenheit, die den Dingen einfach ihren Lauf lässt und darauf vertraut: Das wird schon recht werden. Denn schließlich ist da noch ein anderer im Spiel, der mehr weiß und kann als wir – und der es gut meint mit uns.

All das kommt nicht von jetzt auf nachher. Aber es kann nach und nach in uns wachsen, wenn wir uns angewöhnen, mit Gott in Verbindung zu bleiben. Denn an seinem Segen ist letztlich alles gelegen.

Wenn es guten Menschen schlecht geht

Hiob Kapitel 3, 6, 7 in Auszügen

Über das Buch Hiob wird in unserer Kirche kaum einmal gepredigt. Das ist eigentlich seltsam. Denn was wir bei Hiob lesen, das kreist um eine Frage, die auch uns oft genug umtreibt: Wie kann es sein, dass guten Menschen Böses widerfährt? Wie kann Gott das zulassen? – Hören Sie als Kostprobe einige Verse aus Kapitel 3, 6 und 7. Da bricht es aus Hiob heraus:[1]

Verflucht und ausgestrichen soll er sein,
der Tag, an dem ich einst geboren wurde!
Wär ich doch gleich bei der Geburt gestorben
oder, noch besser, schon im Leib der Mutter!
Warum gibt Gott mir nicht, was ich erbitte?
Und warum tut er nicht, worauf ich warte?
Woher nehm ich die Kraft, noch auszuhalten?
Wie kann ich leben ohne jede Hoffnung?

Sein ganzes Leben muss der Mensch sich plagen,
für große Mühe gibt's geringen Lohn.

---

[1] Übersetzung: Gute Nachricht Bibel, revidierte Fassung, durchgesehene Ausgabe, © 2000 Deutsche Bibelgesellschaft, Stuttgart. Von mir aus inhaltlichen und stilistischen Gründen geringfügig geändert.

Auch mir ist solch ein Los zuteil geworden.
Sinnlos vergeht ein Monat nach dem andern
und Nacht für Nacht verbringe ich mit Schmerzen.
Leg ich mich nieder, schleppen sich die Stunden;
ich wälze mich im Bett und kann nicht schlafen
und warte ungeduldig auf den Morgen.

Gott, denk an mich! Mein Leben ist ein Hauch,
mein Glück dahin, ich seh es nie mehr wieder.
Und darum werde ich den Mund nicht halten.
Was mich so bitter macht, das muss heraus!

Wenn ich auf meinem Lager Ruhe suche,
der Schlaf mir meine Schmerzen lindern soll,
dann quälst du mich, o Gott, mit bösen Träumen
und füllst mein Herz mit namenloser Angst.
Mir wär es lieber, wenn ich sterben dürfte!
Der Tod ist besser als ein solches Leben. –

Beim Hören dieser wild herausgeschleuderten Worte bleibt einem erst einmal die Luft weg. Da hat es einer satt, und zwar gründlich. Da schreit einer die Wahrheit heraus, ungeschminkt, ungefiltert, seinem Gott mitten ins Gesicht. Da muss etwas Grauenhaftes passiert sein. – Wer ist dieser Hiob, und was ist ihm zugestoßen?

Ein frommer und rechtschaffener Mann sei er gewesen, erzählt uns die Bibel. Regelmäßig habe er Opfer dargebracht. Nicht nur für sich selbst, sondern auch für seine erwachsenen Söhne und Töchter. Vorsichtshalber. Man weiß ja nie, ob die Jugend in ihrem Übermut vielleicht doch etwas anstellt, was Gott missfallen könnte.

Glücklich sei er gewesen, der Hiob, und unermesslich reich, wird uns erzählt. Alles habe er gehabt, was ein Menschenherz damals begehrte: Gesundheit und Wohlstand, Achtung und Ansehen, eine tüchtige Frau, wohlgeratene Kinder, viel Knechte und Mägde und riesige Viehherden. „Wer Gott vertraut, hat wohl gebaut" – das war seine feste Überzeugung, und sie wurde täglich aufs Neue bestätigt.

Doch dann kommen die berüchtigten Hiobsbotschaften, eine nach der andern. Die Herden teils geraubt, teils verbrannt! Die Knechte erschlagen! Die Kinder allesamt bei einer Naturkatastrophe umgekommen! An einem einzigen Tag verliert Hiob fast alles, was ihm lieb und teuer ist. Schließlich wird er noch krank und bekommt einen eitrigen Ausschlag am ganzen Körper, so dass er sich miserabel fühlt und vor sich selber ekelt. Das Unglück trifft ihn wie eine geballte Faust. Und warum das alles? Nur wegen einer ehrgeizigen Wette, so wird uns erzählt, die Gott sich vom Satan aufdrängen ließ.

Um das recht zu verstehen, müssen wir uns klar machen, dass die Israeliten über viele Jahrhunderte hin nichts von einem Teufel wussten. Vielmehr waren sie überzeugt: Alles, was uns widerfährt, kommt von Gott, das Gute ebenso wie das Böse. So sagt auch Hiob zunächst einmal zu seiner Frau (2,10): „Wir haben viel Gutes empfangen von Gott. Sollten wir da nicht auch das Böse aus Gottes Hand annehmen?"

Unter diesen Umständen ist der Satan, der im Buch Hiob auftritt, natürlich kein eigenmächtiger Gegenspieler Gottes.

Er wohnt auch nicht unten in der Hölle, sondern oben im Himmel, bis Jesus eines Tages sieht, wie er hinausgeworfen wird. Aber das passiert viel später. Bis dahin gehört der Satan zum himmlischen Hofstaat und ist dort sozusagen als Staatsanwalt tätig, der die bösen Menschen vor Gott verklagt. Gegen Hiob kann er freilich nichts vorbringen. Der ist ein durch und durch anständiger Mensch und steht treu und fest zu seinem Gott. „Hähä, das ist ja auch keine Kunst, solange es sich so offensichtlich für ihn auszahlt!", sagt der Satan und grinst hinterhältig. „Lass es ihm einmal so richtig schlecht gehen, dem Hiob! Wetten, dass er dich, seinen Gott, dann öffentlich verflucht?" Und auf diese Wette lässt Gott sich ein.

Eine merkwürdige Geschichte. Was ist das für ein Gott, der für eine schäbige Wette Tod und Verderben über seine Menschen bringt? – Die Frage drängt sich hier zweifellos auf. Aber stellen wir sie einstweilen noch ein wenig zurück, um weiterhin dem Gang der Ereignisse zu folgen.

Hiob bekommt Besuch. Von seinen drei Freunden, die ihn in seiner Not nicht im Stich lassen wollen. Das ist ihnen hoch anzurechnen. Denn das Elend wirkt oft abschreckend und macht einsam.

Eine ganze Woche lang schweigen sie mit Hiob, und das ist ihnen noch höher anzurechnen. Denn das ehrliche, mitfühlende Verstummen vor dem Unbegreiflichen hilft bestimmt mehr als jedweder wohlmeinende Wortschwall. Mit dem will man oft genug doch nur die eigene Unsicherheit vertuschen und überspielen.

Doch dann bricht Hiob selbst das Schweigen, und zwar mit einem kräftigen Fluch. Er verflucht zwar nicht seinen Schöpfer, aber doch ersatzweise den Tag, an dem er – Hiob – auf die Welt kam. Und dann lässt er seiner Klage freien Lauf.

Und jetzt passiert etwas, was wir alle kennen. Seine Freunde bringen es nicht fertig, ihm einfach nur zuzuhören, mitfühlend und verständnisvoll. Nein, sie wollen ihn trösten. Mit guten Worten. Mit klugen Worten. Und wie es dann so geht: Aus dem Tröstenwollen wird unversehens der Versuch, dem armen Mann zu erklären, warum es ihm so schlecht geht. Dass er nämlich letztendlich doch irgendwie selbst daran schuld sein muss. Und als Hiob diesen wahrlich schlechten Trost empört zurückweist, da wird aus dem Erklärenwollen ganz schnell die blanke Rechthaberei.

„Hör mal, Hiob, Gott kann doch nicht ungerecht sein", sagen die drei Freunde. Und eine ausgleichende Gerechtigkeit im Jenseits, also nach dem Tod, kennen sie noch nicht, kennt das ganze Alte Testament noch nicht. Darum kann es nicht anders sein, denken sie: Wer Gutes tut, dem muss es auch gut gehen. Schon jetzt. Und wem es nicht gut geht, der muss irgendetwas auf dem Kerbholz haben. Irgendeine verborgene Schuld, nicht kleiner als die Strafe, die Gott über ihn verhängt hat. So hat man das in Israel jahrhundertelang gesehen und geglaubt. Es war geradezu eine religiöse Grundüberzeugung.

Man kann ja auch nicht bestreiten, dass da etwas Wahres dran ist. Wie ich mich verhalte, das hat Rückwirkungen auf mein eigenes Leben. Aber klar doch! Wer anderen Gutes tut, tut sich damit auch selbst etwas Gutes und darf sich daran freuen. Und wer Böses tut, schädigt über kurz oder lang immer auch sich selbst.

So weit, so gut. Aber ein beschädigter, behinderter, kranker Mensch muss deshalb noch lange kein schlechter Mensch sein! Hiob ist sich keiner Schuld bewusst. Und so wehrt er sich verzweifelt gegen die erdrückende Übermacht der religiösen Tradition. Er wehrt sich ganz entschieden gegen diesen alten Glaubenssatz, der da behauptet: „Geht's dir schlecht, geschieht's dir recht." Unbeirrbar bietet Hiob den drei Freunden die Stirn und beharrt dabei (Kapitel 27, Vers 5f):

„Ich denke nicht daran, euch Recht zu geben.
Unschuldig bin ich, soviel steht hier fest!
Ich bin im Recht und dabei bleibe ich,
denn mein Gewissen weiß von keiner Schuld!"

Ich muss gestehen: Es geht mir zwiespältig mit dieser Selbsteinschätzung Hiobs. Einerseits finde ich den Mann schon beängstigend gerecht, um nicht zu sagen selbstgerecht. So blütenweiß und makellos, wie er sich sieht, kann ein lebendiger Mensch doch gar nicht sein.

Andererseits ist es aber so: Wenn es uns schlecht geht, fragen wir uns unwillkürlich, was wir denn falsch gemacht haben. Und wenn die quälenden Vorwürfe schon nicht von außen kommen, kommen sie dafür von innen. So gesellen sich zu unserem Unglück noch heimliche Schuldgefühle, oft völlig übertrieben und realitätsfern, aber trotzdem schwer zu bekämpfen. Vielleicht kennen Sie das.

Diesen falschen Schuldgefühlen gibt Hiob keinen Zentimeter nach. Und das ist gut so. Es ist geradezu vorbildlich. Mag sein, dass er am Ende doch nicht ganz der moralische Saubermann ist, für den er sich hält. Aber diesen Rundumschlag des Schicksals, der ihn getroffen hat, den hat er nun wirklich nicht verdient. Da braucht er sich auch keine Schuldgefühle einreden zu lassen.

So merkwürdig es auch klingen mag: Hiob ist ganz offensichtlich gerechter als der Gott, an den er glaubt. Daran ändert sich auch nichts, als dieser Gott sich schließlich herablässt, Hiob aus dem Gewittersturm heraus zu antworten. „Wo warst du, als ich die Erde schuf? Kannst du Wind und Wolken lenken? Kann deine Stimme donnern wie die meine?" Lauter Fragen, die dem Hiob zeigen sollen, wie klein und dumm er doch ist gegenüber der überragenden Macht und Weisheit Gottes.

Es ist ja wahr, und eine steigende Zahl von Wissenschaftlern gibt es offen zu: Mit einigem guten Willen kann man in der Natur das Walten einer ganz erstaunlichen Weisheit entdecken. Aber die Konstruktionsfehler der Schöpfung, die lassen sich halt auch nicht übersehen: die Architektur der Erdkruste, die unweigerlich zu Erdbeben führen muss; die Zecken und Schnaken im Sommer; die Schnupfen- und Grippeviren im Winter; die bösartigen Krebszellen und so weiter. Und wenn ich nachts Zahn- oder Bauchweh bekomme, hilft es mir leider nichts, dass oben am Sternenhimmel eine wunderbare Ordnung herrscht. Wem es auch nur annähernd so schlecht geht wie dem Hiob, für den ist es ein schwacher Trost, dass die Schöpfung ansonsten eine großartige Sache ist.

Letztlich läuft alles, was Gott dem Hiob zu sagen hat, auf die eine Botschaft hinaus: Halte den Mund, Hiob, denn ich bin nun mal der Stärkere. Damit werden die bohrenden Fragen Hiobs aber nicht beantwortet, sondern totgeschlagen. Und eigentlich erfährt Hiob da auch nichts, was ihm neu wäre. Dass Gott viel mächtiger ist als er, der kleine Mensch – na, das wusste er schon lange. Doch die Devise „Der Stärkere hat Recht" ist ein schlechter Grundsatz. Anständige Leute können zwischen Macht und Recht unterscheiden. Anständig wäre es, wenn Gott sich jetzt für die blöde Wette wenigstens entschuldigen würde. Doch davon lesen wir nichts im Text.

Mit Recht bemerkt Jörg Zink: Dieser Gott, der da mit Hiob Schindluder treibt, zwingt eigentlich zur Gottlosigkeit. Wer ein fühlendes Herz in der Brust hat, der kann zu diesem Gott nur Nein sagen und sich mit aller Kraft gegen ihn wehren. Und wenn Hiob trotzdem kein Atheist wird, so liegt das wohl daran, dass er kein Mensch aus Fleisch und Blut ist, sondern eine dichterische Figur, ein ausgedachtes Bild übermenschlichen Stehvermögens.[1]

Was fangen wir mit einem solchen Gottesbild an, wie es uns bei Hiob begegnet? Ich finde, mit dem Gott, an den wir Christen glauben und zu dem Jesus „Vater" gesagt hat, mit dem hat der Gott Hiobs herzlich wenig zu tun. Denn Hiobs Gott hat nichts Väterliches an sich. Ihm fällt am Ende nichts Gescheiteres ein, als seine Größe zu beweisen mit der plumpen Kraft des Nilpferds, das er geschaffen hat. Nichts gegen ein

---

[1] Vgl. Jörg Zink, Erfahrung mit Gott, Stuttgart 1974, S.235f

schönes Nilpferd! Aber der Gott, der uns in Jesus begegnet, hat wohl doch eine andere Visitenkarte.

Ich denke, ich muss das noch ein wenig deutlicher sagen. Der Gott Hiobs gebraucht, nein: missbraucht seine Allmacht wie ein rücksichtsloser Diktator, wie ein eitler Tyrann, wie ein Assad oder Putin. Eigentlich ist er nur auf seine eigene Ehre bedacht. Er liebt die Menschen nicht, und er braucht sie auch gar nicht. Wenn er sie ein bisschen mitspielen lässt auf seinem großen Welttheater, so geschieht das nur Gnaden halber. Er könnte, wenn er wollte, auch alles ganz alleine machen.

Der Gott, der in Jesus auf uns zukommt, hat ein anderes Gesicht. Wie die Erfahrung zeigt, ist er ein starker und zuverlässiger Begleiter auf dem Lebensweg. Die Macht, die er hat und immer wieder erweist, sollten wir nicht unterschätzen. Es ist vielleicht nicht nur, aber doch in erster Linie die Macht der Liebe. Die kann manchmal wahre Wunder wirken, verkrümmte Menschen wieder aufrichten und den Niedergedrückten neuen Lebensmut einflößen. Wo es nötig ist, kann sie auch einmal hart und streng sein und sich in den Weg stellen, wenn es ein verkehrter Weg ist.

Aber die Macht der Liebe ist immer begrenzt. Sie ist verwundbar. Sie kann scheitern. Darum finde ich es – ehrlich gesagt – unglücklich bis verfehlt, wenn das Glaubensbekenntnis von Gott als dem „allmächtigen Vater" redet. Denn wie es aussieht, ist der allmächtige Gott oft gar nicht väterlich. Und der väterliche Gott ist leider nicht allmächtig. Sonst müsste es in unserer Welt ziemlich anders zugehen.

Vielleicht ist das für Sie ein neuer Gedanke, an den Sie sich erst noch gewöhnen müssen: Der väterliche Gott, für den Jesus einsteht, ist kein Allmachtsgott. Sondern er übt lieber Gewaltverzicht. Oft so sehr, dass er sich abhängig macht von unserem guten Willen und unserer Mitarbeit. Manchmal hat er keine anderen Hände als unsere Hände, um Menschen zu helfen, die in Not geraten sind. Manchmal hat er nur unseren Mund, um einem bedrückten Menschenkind ein gutes Wort zu sagen. Und manchmal muss auch er ohnmächtig zusehen, wie die Bosheit und die Dummheit triumphieren und wie Menschen, die es nicht verdient haben, vom Leid überschwemmt werden.

Als wir noch kleine Kinder waren, da hielten wir unsere Eltern für allmächtig. Später mussten wir unter Schmerzen lernen, dass sie es nicht waren, dass sie uns nicht vor allem Unheil beschützen konnten. Für manche von uns mag das eine herbe Enttäuschung gewesen sein. Aber irgendwann haben wir begriffen, dass unsere Eltern trotzdem liebenswert sind und dass sie ihre Sache so gut gemacht haben, wie sie konnten. Irgendwann haben wir ihnen verziehen, dass sie nicht allmächtig sein konnten, obwohl wir es uns manchmal so dringend gewünscht hätten. Mindestens dann, wenn uns die Nachbarskinder wieder einmal verprügelten.

Jetzt, wo wir erwachsen sind, müssen wir vielleicht lernen, es Gott zu verzeihen, dass er nicht immer das tut, was wir uns so dringend wünschen und nach menschlichem Ermessen auch ganz bestimmt brauchen. –

Hiob darf es erleben, dass er wieder gesund wird. Sein Glück und sein Wohlstand kehren zurück, und am Ende stirbt er alt und lebenssatt. Aber so glatt geht das Leben halt nicht immer auf. Oft genug bleibt uns nur die Hoffnung, die Paulus ungefähr so ausdrückt (Römer 8,18): „Die Leiden dieser Zeit, wie groß sie auch sein mögen, fallen nicht ins Gewicht gegenüber dem strahlenden Glück, das anderswo noch auf uns wartet."

Wenn wir dort angekommen sind, werden wir hoffentlich auch das verstehen, was uns vielleicht ein Leben lang unverständlich geblieben ist – und den einen oder die andere fast um den Verstand gebracht hat. Bis dahin können wir nichts Besseres tun, als zu glauben, zu lieben und zu hoffen.

Schöpfungsglaube und Evolutionstheorie

Psalm 104,24

Vor einigen Jahren war ich mit einer Schülergruppe in Taizé. Hunderte von jungen Menschen hatten sich da eingefunden, um Antworten auf ihre Lebensfragen zu finden. Drei- oder viermal am Tag traf man sich in der großen Kirche, um miteinander zu singen, zu beten und zu feiern. Es war schön und es war eindrucksvoll. Und doch hatte ich nach drei Tagen das Gefühl, dass etwas Wesentliches fehlte.

Draußen vor der Kirche war nämlich Frühling. Die Sonne lachte vom blauen Himmel, die Blumen blühten und die Wiesen leuchteten in saftigem Grün. Auf dem parkähnlichen Gelände der Kommunität gab es sogar einen Wasserfall, der sich rauschend in einen kleinen See ergoss. – „Wie schön ist das alles", musste ich immer wieder denken. Oder um es mit Psalm 104 zu sagen: „Herr, wie sind deine Werke so groß und viel! Du hast sie alle weise geordnet, und die Erde ist voll deiner Güter."

Aber dieses fromm-fröhliche Frühlingsgefühl wurde in keinem der vielen Gottesdienste irgendwie aufgenommen. Und das hat mich dann schon ein bisschen frustriert. Ich habe daraufhin das ganze Taizé-Liederbuch durchgeblättert und viele ansprechende Lieder darin gefunden, aber kein einziges, das die Schönheit der Schöpfung besungen und den

Schöpfer dafür gelobt hätte. Anscheinend hat man in Taizé da einen blinden Fleck in der Optik.

Zum Glück ist das in unserer Kirche anders. In unserem Gesangbuch stehen eine ganze Reihe von Liedern zur Schöpfung. Zwei davon haben wir heute schon gesungen (EG 602 und 503). Und doch kann man fragen, ob das Wunder der Schöpfung bei uns genügend Raum hat und in der rechten Weise gefeiert wird.

Nehmen wir zum Beispiel unser Kirchenjahr. Das hat im Frühling eine Passionszeit, die mit ihren sieben Wochen für meinen Geschmack viel zu lang ist. Aber es gibt keinen Sonntag, der dem Thema „Schöpfung" gewidmet wäre. Gut, wir haben das Erntedankfest. Doch wie wir in Psalm 104 gesehen und gehört haben, geht es beim Thema „Schöpfung" noch um weit mehr. Und dieses „Mehr" wäre es wohl wert, wenigstens einmal im Jahr bedacht und gefeiert zu werden.

Es hat lange gedauert, bis die ACK, die Arbeitsgemeinschaft christlicher Kirchen, im Jahr 2011 endlich beschlossen hat, einen gemeinsamen „Tag der Schöpfung" einzuführen. Man hatte jedoch nicht den Mut, dafür einen Sonntag zu nehmen. Es wurde bloß ein Freitag im September. Ach du Schande, kann ich da nur sagen.

Woher sie wohl kommen mag, diese Unterbewertung der Schöpfung? Sind wir hier von einer ungesunden kirchlichen Tradition belastet? Das mag wohl sein. Jahrhundertelang war man im christlichen Abendland ja der Meinung, es gehe vor allem darum, am Ende des Lebens in den Himmel zu kommen. Das sei Sinn und Ziel des christlichen Glaubens.

Da ist ja auch etwas Wahres dran, das will ich gar nicht bestreiten. Aber wenn man diese Haltung übertreibt, wie es leider vielfach geschehen ist, dann wird daraus eine Hans-guck-in-die-Luft-Frömmigkeit. Die schaut so steil nach oben in den Himmel, dass die Erde gar nicht mehr richtig ins Blickfeld kommt. Diese unsere Erde, die doch Gottes gute Schöpfung ist und die wir bebauen und bewahren sollen.

Schauen Sie sich nur mal das Ulmer Münster an oder den Chor der Blaubeurer Klosterkirche. Da wird der Blick fast automatisch nach oben gezogen, himmelwärts, weg von der Erde. Und das ist kein Zufall. Das war so gewollt.

Geändert hat sich diese mittelalterliche Blickrichtung erst in der Renaissancezeit, also im 15./16. Jahrhundert. Da hat man einen neuen Blick für die Natur entwickelt und dann auch angefangen, sie genau zu beobachten und Experimente mit ihr zu machen. Ein Name aus der damaligen Zeit ist noch heute in aller Munde: Galileo Galilei. Mit ihm hat die moderne Naturwissenschaft angefangen.

Was dann kam, war eine unglückliche Geschichte. Dass unsere Erde nicht der Mittelpunkt des Weltalls sein soll, sondern zusammen mit anderen Planeten um die Sonne kreist, das hat viele Christen damals tief verunsichert. Schließlich hat die katholische Kirche das neue Weltbild verboten und Galilei zum Widerruf gezwungen.

Heute wissen wir: Das war ein verhängnisvoller Fehler. Verhängnisvoll deshalb, weil so auf Jahrhunderte hinaus eine ganz unnötige Feindschaft gestiftet wurde zwischen Theologie und Naturwissenschaft, zwischen dem christlichen Glauben auf der einen Seite und der Erforschung der Natur auf der anderen Seite.

Fairerweise muss man sagen: Die damalige Fehlentscheidung der katholischen Kirche war keine Willkürentscheidung. Sie beruhte auf einer ganzen Reihe ernsthafter Überlegungen. Eines der wichtigsten Argumente lautete: „In der Bibel steht es anders, deshalb muss das neue Weltbild falsch sein.“

Das ist lange her, aber vorbei ist es nicht. Denn in unseren Tagen sind manche Christen dabei – vor allem in Amerika, aber auch bei uns in Württemberg –, den Fehler von damals zu wiederholen. Ähnlich wie im Fall Galilei meinen sie nun, sie müssten die Evolutionstheorie bekämpfen, wieder mit der Begründung, dass es in der Bibel doch ganz anders steht. Tatsächlich kann man schlecht bestreiten, dass im ersten Kapitel der Bibel alle Lebewesen fix und fertig geschaffen werden. Dass alles, was lebt, sich aus einem gemeinsamen Stammbaum heraus entwickelt haben soll, davon ist in 1.Mose 1 nicht die Rede.

Haben wir es in diesem Anfangskapitel der Bibel mit einem Tatsachenbericht zu tun? Dann muss die Evolutionstheorie natürlich falsch sein. So sehen und behaupten es die sogenannten „Kreationisten“, eine fundamentalistische Strömung innerhalb des Protestantismus. Sie wenden viel Fleiß und Mühe auf, um den biblischen Schöpfungsglauben, wie sie ihn verstehen, gegen die Evolutionstheorie zu verteidigen.

Das ist sicher gut gemeint. Aber „gut gemeint“ ist eben oft das Gegenteil von gut. Wenn man mich fragt, dann würde ich den Kreationisten gern sagen: Liebe Brüder und Schwestern, seid so nett und lest in der Bibel noch ein bisschen weiter. Dann werdet ihr entdecken, dass nach dieser ersten Schöpfungsgeschichte noch eine zweite kommt. Und die widerspricht der ersten in einer ganzen Reihe von Punkten. Ich greife jetzt nur einen davon heraus.

In 1. Mose 1 erschafft Gott zuerst den Himmel und die Erde, dann kommen die Pflanzen, dann die Tiere und zuletzt der Mensch. Und zwar werden Mann und Frau gleichzeitig erschaffen. Nur zusammen sind sie Gottes Ebenbild.

In 1. Mose 2 läuft die Sache anders. Auch da fängt es mit Himmel und Erde an. Aber dann wird zuerst einmal der Mann erschaffen, bevor überhaupt irgendetwas Grünes wachsen kann. Als Nächstes legt Gott einen Garten an und setzt den Menschen, soll heißen: den Mann, dort hinein. Dann erst kommen die Bäume und danach die Tiere. Und erst ganz zum Schluss kommt die Frau. Darin spiegeln sich natürlich die patriarchalischen Verhältnisse von damals. Allerdings lässt die Geschichte keinen Zweifel daran, dass das, was da zuletzt kommt, das Beste ist und dass der Mann ohne die Frau nur eine halbe Portion wäre.

Am Anfang der Bibel haben wir also nicht eine, sondern zwei Schöpfungsgeschichten. Sie unterscheiden sich ganz erheblich. Einig sind sich die beiden Erzählungen eigentlich nur in Einem. Aber dieses Eine ist das, worauf es ankommt: Dass nämlich Gott als Schöpfer dahintersteht.

Wenn das wahr ist, dann ist die Entstehung der Welt und des Lebens kein dummer Zufall, sondern das Werk einer überlegenen Macht. Dann hat die Sache einen Sinn. Dann hat das Leben einen Sinn. Auch dann, wenn es unter erschwerten Umständen gelebt werden muss.

Warum erzähle ich Ihnen das alles? Um deutlich zu machen, dass man den Schöpfungsglauben unterscheiden muss von den Schöpfungsvorstellungen. Die Vorstellungen sind zeitbedingt und können sich ändern. Auch innerhalb der Bibel haben sie sich schon verändert, abhängig vom jeweiligen Stand der Erkenntnis. Die beiden biblischen Schöpfungsgeschichten liegen immerhin rund 400 Jahre auseinander. Es wäre kein gutes Zeichen, wenn man in diesen 400 Jahren nichts dazugelernt hätte. Aber das Entscheidende bleibt unverändert bestehen: der Glaube an den Schöpfer, sprich: das Vertrauen, dass letztlich Gott mit seinem geheimnisvollen Wirken dahintersteckt.

Und nun sind noch einmal rund 2500 Jahre vergangen, und wieder haben wir dazugelernt. Heute wissen wir, dass sich die Schöpfung höchstwahrscheinlich als Evolutionsprozess vollzogen hat. Aber passt das denn zusammen: Schöpfung und Evolution, Schöpfung und natürliche Entwicklung?

Ja, das passt zusammen. Das hat schon Martin Luther gewusst. Denn seine Erklärung zum ersten Glaubensartikel fängt nicht etwa an: „Ich glaube, dass Gott vor langer, langer Zeit Adam und Eva geschaffen hat." Nein, Luther sagt: „Ich glaube, dass mich Gott geschaffen hat." Soll das etwa heißen: Ich bin fest überzeugt, dass es für meine Entstehung keine natürlichen Ursachen gibt? Ganz bestimmt nicht. Das wäre ein krasses Missverständnis.

Auch zu Luthers Zeiten wusste man längst, dass Kinder auf natürliche Weise gezeugt werden und sich neun Monate lang im Mutterleib entwickeln, bevor sie geboren werden. Und so sind eben beide Aussagen wahr: Ich weiß, dass ich mich auf ganz natürliche Weise aus einer befruchteten Eizelle entwickelt habe. Und: Ich glaube, dass mich Gott geschaffen hat.

Das widerspricht sich nicht, sondern das sind zwei Perspektiven, die sich ergänzen. Denn das Handeln Gottes fängt keineswegs erst da an, wo die natürlichen Erklärungen aufhören. – Das finde ich so wichtig, dass ich es noch einmal sagen will, damit Sie es mit nach Hause nehmen können: Das Handeln Gottes fängt nicht erst da an, wo die natürlichen Erklärungen aufhören. Unser Gott handelt auch in den Vorgängen, die aus naturwissenschaftlicher Sicht eine ganz natürliche Sache sind.

Im Blick auf die Evolutionstheorie heißt das: Es ist unnötig und sinnlos, sie im Namen des biblischen Schöpfungsglaubens bekämpfen zu wollen. Die Evolutionstheorie ist zwar keine bewiesene Tatsache und kann es (aus wissenschaftstheoretischen Gründen) auch nie werden. Sie hat ihre Lücken und Schwachstellen und ist wohl kaum schon der Weisheit letzter Schluss. Aber sie hat auch eine ganze Reihe guter Argumente. Aufs Ganze gesehen ist sie viel zu gut, um sie denen zu überlassen, die von Gott nichts wissen wollen.

Nein, der richtige (oder vorsichtiger gesagt: der bessere) Weg sieht so aus, dass wir lernen, die Evolutionstheorie als eine moderne Schöpfungsgeschichte zu lesen und zu deuten. Wer will uns denn hindern zu glauben, dass im Evolutionsprozess unser Gott am Werk ist und seine wunderbare

Schöpfermacht ausübt? Dies umso mehr, als die entscheidenden Entwicklungsschritte in dieser Theorie als glückliche Zufälle erscheinen. Wer will uns hindern, aus der Sicht des Glaubens in diesen sogenannten Zufällen die schöpferischen Einfälle Gottes zu erkennen?

Freilich fehlt es nicht an Zeitgenossen, die diese unsere Sicht strikt ablehnen. Sie möchten in der Evolutionstheorie gern einen Beweis sehen dafür, dass der Gottesglaube überholt sei. Denn für die Entstehung der Welt und der Lebewesen sei Gott ja gar nicht nötig gewesen. Das sei alles ganz von selbst entstanden, meinen sie, und Gott habe mit der ganzen Sache nichts zu tun.

Denen sage ich: Liebe Atheisten, ihr glaubt nicht etwa zu wenig, sondern eher zu viel. Wenn man zum Beispiel anfängt, sich mit dem Feinbau der Materie zu beschäftigen, dann muss man schon eine Dumpfbacke sein, um nicht ins Staunen zu geraten. Oder man muss innere Scheuklappen tragen. Ein Baukasten-Sortiment von einem Dutzend Elementarteilchen hat ausgereicht, um unsere ganze bunte, duftende, vielfältige Welt aufzubauen. Wie diese Teilchen beschaffen sind, wie sie sich verbinden können zu immer größeren Einheiten und schließlich sogar zum Träger des Lebens werden, das kann man eigentlich nur genial nennen. Und ihr Atheisten glaubt im Ernst, das alles sei rein zufällig so? Ich muss gestehen: Von diesem Glauben fühle ich mich überfordert. Ich kann das nicht glauben. Es ist mir einfach zu unwahrscheinlich.

Ein weiteres Beispiel: Im Frühling und Sommer ist die Natur um uns herum ja überwiegend grün. Das tut nicht nur den

Augen gut. Mit Hilfe des Blattgrüns nutzen die Pflanzen die Energie, die im Sonnenlicht steckt, um Kohlendioxid und Wasser in Zucker und Stärke umzuwandeln und dabei Sauerstoff freizusetzen. Mit dem Fachwort nennt man diesen Vorgang Photosynthese. Wenn es die nicht gäbe, wäre unser Planet so gut wie tot. Es gäbe nichts zu essen. Wir könnten noch nicht einmal atmen. Fast alle Lebewesen sind auf die Photosynthese angewiesen, die Pflanzen, die Tiere, die Menschen. Und die Sache funktioniert einwandfrei. In jedem grünen Blatt, in jedem grünen Halm, in jeder grünen Tannennadel.

Aber wie funktioniert die Sache? Das konnte die Naturwissenschaft bis heute nicht ganz entschlüsseln, geschweige denn im Labor nachmachen. Denn die biochemischen Prozesse und Reaktionsfolgen, die hier zusammenspielen müssen, sind unglaublich kompliziert. Das entsprechende Schaubild braucht eine Doppelseite im Biologiebuch der Oberstufe. Und da wird die Sache schon stark vereinfacht dargestellt. Und dieses hochkomplizierte Zusammenspiel soll einmal durch puren Zufall entstanden sein? Das mag glauben, wer will. Ich glaube das nicht. Es ist mir viel zu unwahrscheinlich.

Was ich Ihnen jetzt an zwei Beispielen aufgezeigt habe, das kann man in der Natur an vielen Stellen finden. Man muss nur die Augen aufmachen und genau hinschauen. Wer erst einmal anfängt, über die Wunder der Natur nachzudenken, der kommt aus dem Staunen nicht mehr heraus. Und so erklärt es sich auch, dass die wirklich Großen unter den heutigen Naturwissenschaftlern meist tief religiöse Menschen sind. Menschen, die Ehrfurcht empfinden vor jener geheimnisvollen Macht und Weisheit, die wir „Gott" nennen. –

Mir ist klar, dass ich Ihnen heute einiges zugemutet habe. Darum möchte ich das Wichtigste noch einmal kurz zusammenfassen.

1. Man muss den Schöpfungsglauben unterscheiden von den Schöpfungsvorstellungen. Die Vorstellungen ändern sich. Der Glaube bleibt.

2. Wir Christen dürfen getrost die heutigen Vorstellungen aufgreifen und uns zu Eigen machen. So gesehen ist der Evolutionsprozess die Schöpfungswerkstatt Gottes.

3. Der Kampf des Kreationismus gegen die Evolutionstheorie ist ein Unfug. Die Kreationisten halten sich zwar für bibeltreu, sind aber reichlich blind für das, was wirklich in der Bibel steht.

4. Die Atheisten halten sich zwar gern für ungläubig, aber in Wirklichkeit glauben sie eher zu viel. Im Evolutionsprozess ist so viel Unwahrscheinliches passiert, dass man bei einigem Nachdenken kaum anders kann, als hinter dem Ganzen die Macht und Weisheit Gottes am Werk zu sehen. Ihm sei Ehre in Ewigkeit.

Das geknickte Rohr, der glimmende Docht und die Blume der Erlösung

Märchenpredigt zu Jesaja 42,1-3a

Wie kommt es, dass nicht wenige von uns sich oft so geknickt und ausgebrannt fühlen? Eigentlich möchten wir doch ganz anders sein. Wie gern wären wir stark und aufrecht! Wie gern wären wir Feuer und Flamme! Doch dann geschieht es immer wieder, dass wir uns vorkommen wie eine ausgeblasene Kerze, deren Docht nur gerade noch so dahinglimmt – wie lange noch? Oder dass wir uns geknickt fühlen. Geknickt wie ein Halm, der kraftlos am Boden liegt, weil ein unachtsamer Fuß ihn gestreift und niedergetreten hat.

Woher kommen diese Gefühle? Manchmal kennen wir die Ursachen. Liebeskummer zum Beispiel und andere Misserfolge. Die Überlastung im Haushalt oder im Beruf. Missverständnisse mit dem Ehepartner. Ärger mit der Familie. Anfeindungen am Arbeitsplatz. Vielleicht auch eine schwere Krankheit mit ungewissem Ausgang oder der Verlust eines lieben Menschen.

Manchmal können wir erfolgreich angehen gegen die Gefühle, die uns herunterziehen. Aber oft will uns das nicht so recht gelingen. Oder wir können gar nicht genau sagen, warum wir uns so mutlos und niedergeschlagen fühlen. Oder es gibt vielleicht einen konkreten Anlass, aber das Ausmaß unserer Deprimiertheit steht in keinem Verhältnis dazu.

Was ist mit dem Docht geschehen, dass er nicht mehr richtig brennt, dass seine Flamme nicht mehr leuchtet und wärmt? Wer oder was hat dem geknickten Rohr das Rückgrat gebrochen? Es kommen viele Gründe dafür in Frage. Einem davon – nur einem – möchte ich jetzt genauer nachgehen. Und zwar anhand der Weisheit im Märchen. Lange Zeit war sie verschüttet und vergessen. Erst die neuzeitliche Tiefenpsychologie hat uns wieder verstehen gelehrt: Märchen sind etwas grundsätzlich Anderes als Lügengeschichten oder belanglose Phantastereien. Die echten Märchen sind aus den verborgenen Tiefen der Seele hervorgewachsen. In eindrücklichen Bildern reden sie vom Leben mit seinen Schwierigkeiten – und von den abenteuerlichen Pfaden, die dennoch zum Ziel führen.

Ich möchte Ihnen jetzt also ein Märchen erzählen. Oder vielmehr nacherzählen, nur ganz umrisshaft und so knapp, wie es geht. Welches Licht von da aus auf den Predigttext und auf die christliche Botschaft fällt, das wird sich dann schon zeigen. Wir dürfen gespannt sein darauf.

Es waren einmal zwei junge Menschen, die hatten einander sehr lieb. Sie hieß Jorinde und er Joringel. Eines Abends gingen sie in den Wald, um ungestört miteinander reden zu können. Es war ein schöner Abend. Die Sonne leuchtete hell durch die grünen Zweige, und die beiden hätten allen Grund gehabt, vergnügt zu sein und sich aneinander zu freuen. Doch stattdessen erfasste sie unversehens eine abgrundtiefe Traurigkeit, von der sie nicht sagen konnten, wo sie herrührte. Je tiefer sie in den Wald hineingerieten, desto lähmender verspürten sie die bleierne Schwermut, bis sie schließlich nur noch weinen konnten.

„Wir müssen uns in Acht nehmen", sagte Joringel. „Mitten in diesem Wald, wo er am dichtesten ist, steht doch dieses seltsame alte Schloss. Dem dürfen wir nicht zu nahe kommen." Aber da war es schon zu spät. Aus dem Dickicht traten starr und steinern die grauen Mauern hervor, und Joringel wurde selber starr und reglos wie ein Stein. Ohnmächtig musste er zusehen, wie seine Jorinde in eine klagende Nachtigall verwandelt wurde.

Mit dem verborgenen Schloss war es nämlich nicht geheuer. Eine hässliche alte Hexe hatte sich darin festgesetzt. Sie konnte das Wild und die Vögel herbeilocken, um sie zu schlachten und aufzufressen. Trotzdem blieb sie gelb und mager, gierig und unersättlich. Kamen Menschen in die Nähe des Schlosses. so wurden sie wie gelähmt und konnten sich nicht mehr regen. Manche Mädchen verwandelte die Hexe in Vögel, sperrte sie in einen Korb und dann mitsamt dem Korb in eine Kammer im Schloss – eine dreifache Gefangenschaft, aus der es kein Entrinnen gab. –

Ob wir die Symbolsprache des Märchens noch verstehen können? Eigentlich könnte sie uns ja vertraut sein, denn unsere Träume sprechen nicht selten eine ganz ähnliche Sprache. Aber vor lauter Tages- und Schulwissen haben wir die Bilder- und Muttersprache unserer Seele fast ganz verlernt. Darum werde ich sie wohl ein wenig übersetzen müssen.

Die Gegend, in der die Geschichte spielt, ist auf keiner Landkarte verzeichnet. Sie liegt nicht außen, sondern innen. Es ist eine Landschaft unserer Seele, wie sie uns auch im Traum begegnen kann. Das Schloss ist ein Zentrum, wo sich Macht zusammenballt, ein Ort, von wo aus regiert wird. Eigentlich sollte dort ein König wohnen mit seiner Königin. Stattdessen haust nun darin eine hässliche Hexe.

Hässlich erscheint im Märchen fast immer das, was böse und lebensfeindlich ist. Das Schloss steht ja auch an einem seltsamen Ort, wo es eigentlich nicht hingehört. Sein richtiger Platz wäre in der Stadt. Oder, weithin sichtbar, auf einem Berg. Aber nein, es steht versteckt und nahezu unsichtbar im Wald. Tief drinnen, wo er dicht, dunkel und unheimlich ist.

Was hat es mit diesem Wald auf sich? Dazu muss man wissen, dass wir zu den meisten Gegenden unserer Seele keinen direkten Zugang haben. Sie sind unserem Wissen und Wollen verschlossen, und was sich darin abspielt, bleibt unserem Bewusstsein in der Regel verborgen. Für dieses riesige Reich des Unbewussten steht der weiträumige, urwüchsige Wald. Wenn nun mitten in diesem Wald ein verhextes Schloss liegt, dann müssen wir annehmen, dass einflussreiche Teile der Seele in den Bann einer bösen, lebensfeindlichen Macht geraten sind, die sich freilich sehr gut versteckt hält.

Was tut die bösartige Macht, wenn sie sich im Unbewussten eingenistet hat? Sie lockt alles Lebendige an, das in die Nähe kommt, und dann frisst sie es auf oder legt es lahm. Die lebendigen Gefühle, die lebendigen Gedanken, die lebendige Schaffenskraft. Kennen Sie das, wenn man keinen klaren Gedanken mehr fassen kann, keine Wärme mehr ausstrahlen kann und sich so entsetzlich lustlos fühlt? Man spricht dann vielleicht von Konzentrationsstörungen, von Gefühlskälte und Antriebsschwäche. Dahinter aber steckt – in der Sprache des Märchens gesagt – eine Hexe, die alles Lebendige geradezu magisch anzieht und dann verschluckt wie ein Schwarzes Loch.

Wer ist die Hexe? Sie ist ein schreckliches Geheimnis, dessen Aufdeckung meist mit großer Angst verbunden ist. Denn es betrifft jemanden, den wir über alle Maßen geliebt haben. In der Hexengestalt verdichten sich alle bösen, schmerzlichen und verletzenden Erfahrungen, die wir als Kinder mit den Schattenseiten unserer Mutter gemacht haben. – Damit sollen die guten und lebenswichtigen Erfahrungen mit der Mutter nicht geschmälert oder entwertet werden. Die gab es zum Glück, und das verdient dankbare Anerkennung.

Doch das Andere, das gab es eben auch. jedenfalls bei vielen. Da waren die Ungerechtigkeiten und Enttäuschungen, die wir einstecken mussten; die ehrgeizigen, überhöhten Ansprüche, denen wir ausgesetzt waren; das Unverständnis und die Gereiztheit, auf die wir bisweilen gestoßen sind. Damals haben wir das ganz schnell wieder beiseitegeschoben und aus unserem Bewusstsein verdrängt. Wir mussten das tun, um weiterleben zu können. Aber jetzt haben wir dafür die Hexe im Schloss, tief verborgen im dichten, dunklen Wald des Unbewussten. Und dann wundern wir uns, dass unsere Lebensenergie im Nirgendwo versickert und irgendetwas uns die Lebensfreude wegstiehlt.

Man kann es nicht klar genug sagen: Die „Hexe", das ist keine Person, sondern ein innerseelischer Machtfaktor. Als im Spätmittelalter Frauen und auch Männer als Hexen verfolgt und verbrannt wurden, da kam dieser Irrsinn dadurch zustande, dass das Böse nicht als Problem im eigenen Inneren wahrgenommen wurde. Stattdessen wurde es nach außen projiziert (verlagert), auf andere und meist völlig schuldlose Menschen, die man auf diese Weise zu Sündenböcken machte. So brutal können sich psychologische Ahnungslosigkeit und der Mangel an Selbsterkenntnis auswirken.

Bis heute erscheint die böse Hexe in Albträumen von manchen Kindern und Erwachsenen, und fast immer sind es schlimme Erfahrungen mit der Mutter, die dahinterstehen. Verdrängte Erfahrungen, die nie ausgesprochen, ja nicht einmal klar gewusst werden durften. Ich muss aber gleich hinzufügen: Die schlimmen Erfahrungen mit dem Vater sind um kein Haar besser und wahrscheinlich noch viel häufiger anzutreffen. Statt der Hexe wohnt dann eben ein finsterer Zauberer im Schloss, ein rabenschwarzes Teufelspferd, ein menschenfressender Drache oder ein anderes Monster. Unsere Träume und die entsprechenden Märchen kennen da keine falsche Rücksichtnahme. Scharf und schonungslos zeigen sie an, was uns von innen heraus schwach, krank und traurig macht.

„Doch wo Gefahr ist, wächst das Rettende auch" (Hölderlin). Die allermeisten Märchen laufen auf ein gutes Ende hinaus. Allen Gefahren und Widerständen zum Trotz. Das zumindest haben sie mit dem Evangelium gemeinsam. Joringel gelingt es, vom lähmenden Bann des Hexenschlosses loszukommen. Am Ende eines langen Weges findet er eine blutrote Blume. In der Mitte trägt sie einen Tautropfen, der glänzt und schimmert wie eine kostbare Perle. Offenbar kommt in dieser Wunderblume beides zusammen: die blutvolle, aus Lust und Liebe geborene Kraft der Erde – und der Tau vom Himmel, der geheimnisvolle Segen von oben. Joringel hat mit dieser Blume den Schlüssel zum gelingenden Leben gefunden, den

Schlüssel zum Glück. Mit ihm kann und wird er das Tor zu Hexenschloss aufsprengen, seine Jorinde erlösen und viele andere mit ihr.

Ob es uns nun so allmählich dämmert, wie diese Geschichte mit dem Evangelium zusammenhängen mag? Wie war das doch gleich mit der Perle, von der Jesus erzählt hat und die so kostbar ist, dass wir getrost alles daransetzen können, nur um in ihren Besitz zu gelangen (Matthäus 13,45f)? Und was singen wir in den Advents- und Weihnachtstagen? „O Gott, ein Tau vom Himmel gieß, im Tau herab, o Heiland, fließ." Und im gleichen Lied: „O Erd, herfür dies Blümlein bring; o Heiland, aus der Erden spring" (EG 7, Strophe 2+3).

In der Tat: Mit Jesus ist einer zur Welt gekommen, der kannte das Geheimnis des gelingenden Lebens. Der konnte darum auch viele andere erlösen – und kann es immer noch. In ihm ist beides zusammengekommen: blutvolles, bodenständiges Menschsein – und der Tau von oben, der göttliche Geist, die glänzende Perle der Gottesgewissheit, die ja immer zugleich auch Selbstgewissheit ist.

Ja, so war es, und so erzählen es uns die Evangelien: Eines Tages kam einer, der trat Gott nicht als Knecht gegenüber. Der sagte zu Gott nicht „unser Herr", wie man es gewohnt war, sondern er sagte „mein Vater". Nicht als Knecht wusste und fühlte er sich, sondern als Sohn: angenommen, verstanden und geliebt und darum voll Mut und Selbstbewusstsein.

Freilich: Nicht der Sohn Josefs wollte er sein, auch nicht der Mariensohn, sondern der Sohn Gottes. Und so wollte er auch seinen lernwilligen Freundeskreis: als freie Söhne und Töch-

89

ter Gottes, als eigenständige Persönlichkeiten. Herausgelöst aus den zähen Familienbanden. Unabhängig von Mamas Rockzipfel und Papas Geldbeutel. Unabhängig von ihrer Zustimmung, ihrem Wohlwollen, ihrer Anerkennung – und erst recht unabhängig von der lähmenden Angst und bleiernen Niedergeschlagenheit, die ungelöste Mutter- und Vaterbindungen bei erwachsenen Leuten verursachen. Das vor allem muss anders werden, wenn Menschen nicht mehr geknickt und ausgebrannt herumlaufen sollen.

Das geknickte Rohr nicht zerbrechen? Jesus will mehr. Denn über kurz oder lang zerbrechen geknickte Rohre und geknickte Menschen ganz von selbst, wenn weiter nichts für sie geschieht. Jesus will mehr für uns! Er will, dass das geknickte Rohr wieder heil und ganz wird, so dass es weiterwachsen kann, sich noch einmal aufrichtet, Blätter und Blüten treibt und am Ende gar Früchte trägt. Duftende, süße, saftige Früchte, wie sie aus einem gelingenden Leben hervorwachsen.

Den glimmenden Docht nicht auslöschen? Damit ist es noch lange nicht getan. Jesus will mehr für uns! Das Feuer der Lebenskraft will er neu in uns entfachen, die wärmende Flamme echten Mitgefühls, die tiefe Glut des Glaubens, bis unsere Augen von innen heraus leuchten – und andere Menschen in unserer Nähe sich wohlfühlen können.

Die Botschaft der Kerzen

Meditative Predigt zum 3. Advent

Heute, an diesem dritten Adventssonntag, möchte ich ausnahmsweise nicht über einen Bibeltext predigen, sondern unsere Blicke auf den Adventskranz mit seinen Kerzen richten.

Vielleicht müssen Sie in Ihrer Bank ein bisschen rutschen, um einen guten Blick auf die brennenden Kerzen zu haben. Sie dürfen auch gern Ihren Platz wechseln und weiter nach vorn kommen. Wenn das nicht geht, können Sie auch einfach die Augen schließen und sich einen schönen Adventskranz vorstellen: duftende, dunkelgrüne Tannenzweige, darauf vier rote Kerzen. Und drei davon brennen.

Diesen Kerzen wollen wir uns meditierend zuwenden. Damit die Worte und Bilder tief genug in unsere Seele hineinsinken können, hören wir dazwischen immer wieder ein wenig Orgelmusik.

Und nun lade ich Sie ein, dass Sie eine Minute lang
einmal gar nichts tun.
Nur innerlich einen Schritt zurücktreten,
heraus aus dem Denken und Sorgen,
heraus aus dem Planen und Organisieren,
heraus aus dem Machen und Schaffen.

Einfach nur schweigen.
Die Gedankenflut verebben lassen.

Spüren, wie der Atem kommt und geht.
Eintauchen in die Atmosphäre dieses Kirchenraumes.
Fühlen, wie das ist, wenn die Stille sich ausbreitet.
Das warme Leuchten der Kerzen wahrnehmen
und auf sich wirken lassen.

(Schweigen – 1 Minute)

Ein seltsamer Zauber geht aus
von den brennenden Kerzen.
Wer sie lange genug betrachtet,
dem haben sie etwas zu sagen.

Schau uns an, sagen sie.
Wir jammern nicht über die Winterkälte.
Wir beklagen uns nicht über die Dunkelheit.
Wir erhellen sie, so gut wir können.
Mit einem warmen, wohltuenden Leuchten.
Ganz unaufdringlich. Ganz selbstverständlich.
Ganz ruhig, klar und einfach.

Vielleicht möchtest du
ein bisschen so werden wie wir?
Es würde dir gut tun.
Und deiner Umgebung auch.
Unserer Leuchtkraft sind freilich Grenzen gesetzt,
sagen die Kerzen,
und das ist bei dir auch nicht anders.
Damit musst du leben.
Damit *kannst* du leben.

Du musst kein Silvester-Feuerwerk sein,
keine Flutlichtanlage, kein Theaterscheinwerfer.
Da, wo dein Platz ist, kannst du etwas dafür tun,
dass es heller und wärmer wird.
So etwa lautet die Botschaft,
die im hellen Schein der Kerzen zu mir herüberkommt.
Sie findet Resonanz in mir.
Sie bringt bestimmte Saiten in mir zum Klingen
Sie erinnert mich an etwas.

(Orgelmusik)

Ich habe Menschen kennengelernt,
die waren ein wenig wie diese Kerzen.
Freundlichkeit haben sie ausgestrahlt,
Frieden, Ruhe und Wärme.
Unaufgeregt, unaufdringlich, unbeirrbar.
Wohltuend für alle, die in ihre Nähe kamen.

Das wäre einer meiner großen Wünsche
für die Adventszeit und darüber hinaus:
diese Güte und Warmherzigkeit wachsen zu sehen.
Auch in mir.
Lebensfreude möchte ich ausstrahlen
und das Leuchten, das von innen kommt.
Von da, wo der Heiland aller Welt
immer wieder neu geboren werden will. –

Andere Menschen habe ich kennengelernt,
die waren eher wie fabrikneue Kerzen.
So glatt. So kalt. So abweisend.

Wie eingeschweißt in eine Plastikfolie
aus Selbstgefälligkeit und Arroganz.
Nichts ließen sie an sich herankommen,
keinen Kummer, keinen Hilferuf,
kein Lachen, kein Weinen,
keinen Funken Begeisterung,
keine Glut der Leidenschaft.
Solche Menschen tun mir leid.
Was sie nach außen verbreiten,
daran kranken sie ja auch innerlich.
Gibt es eine Erlösung aus Leblosigkeit und Erstarrung?
Können eingefrorene Gefühle auftauen? –

(Pause)

Eine Kerze kann sich nicht selbst entzünden.
Sinnlos zu sagen:
Streng dich mal richtig an, dann klappt das schon.
Der zündende Funke muss immer von außen kommen.
Und so ist das wohl auch mit dem Glauben,
mit der Liebe, mit der Hoffnung.
Ich kann das nicht aus mir selbst heraus produzieren.
Es wurde mir gewährt.
Es wurde mir geschenkt.
Ich wurde davon angesteckt.
Ich kann, wenn es gut geht, andere damit anstecken.
So, wie eine brennende Kerze
die Flamme weitergeben kann.

(Orgelmusik)

Auf einer alten Kerze las ich einmal
den lateinischen Spruch:
SERVIENDO CONSUMOR
– dienend verzehr ich mich.
Lange galt das als christliches Ideal:

Selbstlosigkeit,
Selbstverleugnung,
Selbstaufopferung.
Vor allem den Frauen wurde das nahegelegt,
oft genug auch abverlangt und auferlegt.
Aber auch Männer sind darüber
zu seelischen Krüppeln geworden.

Dienend verzehr ich mich –
das mag für eine Kerze passen.
Doch darin sind wir Menschen anders als die Kerzen.
Nur wenn ich gut für mich selber sorge,
kann ich auch recht für die andern sorgen.
Nur wenn ich mich selber gut leiden kann,
können sich auch andere bei mir wohlfühlen.

Der, dessen Geburt wir an Weihnachten feiern,
hat nicht nur andere satt gemacht.
Er hat auch selber gern gegessen und getrunken.
Er hat nicht nur andere heilend berührt.
Er hat sich auch selbst zärtlich berühren lassen.
Vom Helfen und Heilen hat er viel gehalten,
von Selbstaufopferung dagegen gar nichts.

Die wurde ihm nachträglich angedichtet.

Nein, er hat gern gelebt.
Er hat gern gekämpft und gern gefeiert.
Weil er Gott auf seiner Seite wusste,
war er voller Leidenschaft,
voller Lebensmut und Lebensfreude.
Auch uns will er ermutigen
zu einem Leben, das diesen Namen verdient
und keine halbe Sache bleibt.

(Orgelmusik)

Eines haben wir Menschen allerdings gemeinsam
mit den Kerzen, die sich verzehren und herunterbrennen.
Unsere Lebenszeit ist begrenzt
und steuert langsam, aber stetig auf ein Ende zu.
Darum ist es wichtig, was wir
mit unserem Leben anfangen.
Ein bisschen mehr Licht und Wärme
in diese Welt zu bringen
wäre jedenfalls ein Ziel, das sich lohnt.
Weniger jammern und mehr lächeln.
Weniger schimpfen und mehr helfen.
Weniger Hektik veranstalten
und mehr Gelassenheit walten lassen.

Und das wollen wir zum Schluss auch nicht vergessen:
Was die Kerzen leuchten lässt
und ihre Flammen nährt,
das stammt alles aus umgewandelter Sonnenenergie.

Und so verweisen die bescheidenen Kerzenflammen
auf das überwältigende Licht der Sonne
und versprechen uns mitten im kalten Winter
einen neuen Frühling, einen neuen Sommer.

Und auch dieser Umstand mag uns
zu einem Gleichnis werden.
Wo in unserem Zusammenleben das Dunkel weicht,
wo der Dauerfrost dem Tauwetter Platz macht,
wo das Eis des Schweigens schmilzt,
wo wohltuende Wärme spürbar wird,
da wirkt auf geheimnisvolle Weise der,
von dem es im Weihnachtslied heißt:
„O Sonne, die das werte Licht
des Glaubens in mir zugericht',
wie schön sind deine Strahlen!"

Möge diese Weihnachtssonne,
auf deren Fest wir zugehen,
auch unsere Augen und Herzen
froh und hell machen.
Heute, morgen und alle Tage.

Wie wahr ist die Weihnachts-geschichte?

Erzählpredigt zu Lukas 2,1-20[1]

Jetzt sind es nur noch wenige Tage bis Weihnachten und Johannes weiß immer noch nicht so recht, was er mit diesem Fest eigentlich anfangen soll. Okay, das mit den Geschenken ist schon in Ordnung und der Christbaum bringt eine festliche Stimmung ins Wohnzimmer. Auch gegen Mamas Weihnachtsgebäck und einen schönen Becher Glühwein ist nichts einzuwenden. Aber wenn das alles ist...? Dafür müsste man das Ganze doch nicht so wahnsinnig feierlich aufziehen.

Johannes beschließt, seinen Großvater aufzusuchen. Mit dem kann man reden. Da wird man ernst genommen, auch dann, wenn man mit halbfertigen Fragen ankommt und unausgegorene Ideen mitbringt.

„Großvater, hast du mal ´ne halbe Stunde Zeit für mich?", fragt Johannes am Telefon. Wenig später sitzt er im Studierzimmer des Großvaters, ein großes Glas duftenden Weihnachtstee vor sich, und knabbert an den Spekulatius-Keksen, die der Großvater auf den Tisch gestellt hat.

---

[1] Ohne Verlesung des Bibeltextes

„Na, was führt dich denn diesmal zu mir?", fragt der alte Mann. „Wenn du dich an so einem kalten Wintertag auf dein Rad schwingst, muss es schon etwas Wichtiges sein."

Johannes blickt nachdenklich in die Kerzenflammen. „Großvater, glaubst du an die Weihnachtsgeschichte?", fragt er unvermittelt. „Ich meine, dass das wahr ist, was da erzählt wird?"

„Hm. Warum interessiert dich das?"

„Weil manches in der Weihnachtsgeschichte so unwahrscheinlich klingt, zum Beispiel das mit den Engeln. Und unser Religionslehrer hat neulich gesagt, an der ganzen Weihnachtsgeschichte sei so gut wie nichts historisch. Das sei bloß eine Legende."

„So so, eine Legende." Um die Augen des alten Mannes erscheinen amüsierte kleine Fältchen. „Also wenn du mich fragst – falsch ist das nicht gerade. Aber die ganze Wahrheit, die ist vielleicht doch ein bisschen komplizierter. Wie immer im Leben. Oder sagen wir: Wie fast immer."

„Einfache Wahrheiten sind mir eigentlich lieber", meint Johannes.

„Nun, das geht den meisten Menschen so. Auch unser Gehirn möchte es lieber bequem haben. Aber manchmal sind sie eben irreführend, die sogenannten einfachen Wahrheiten."

„Und wie ist das nun bei der Weihnachtsgeschichte?"

Der Großvater lehnt sich zurück.

„Zunächst einmal ist einfach zuzugeben, dass viele Auskünfte, die wir da erhalten, historisch unzutreffend sind. Die Steuerveranlagung zum Beispiel, die Augustus durchführen ließ, war sicher nicht die erste ihrer Art, denn eine Regierung braucht Geld. Außerdem wurde die Festsetzung der Steuern damals nicht im ganzen römischen Weltreich vorgenommen, wie Lukas behauptet, sondern sie war auf Palästina begrenzt."

„Woher weiß man das denn so genau?", fragt Johannes skeptisch.

„Aus römischen Steuerakten, die sich aus jener Zeit erhalten haben. Und was die Durchführung dieser Steuerveranlagung angeht – davon hatte Lukas auch eine ziemlich abenteuerliche Vorstellung."

„Wieso das?", will Johannes wissen.

Der Großvater erhebt sich aus seinem Sessel und geht zu einem der Bücherregale, die sich an der Wand entlang ziehen. Als er zurückkommt, hat er eine Lutherbibel in der Hand. Bedächtig schlägt er das zweite Kapitel des Lukasevangeliums auf.

„Und jedermann ging, dass er sich schätzen ließe, ein jeglicher in seine Stadt. Da machte sich auch auf Josef aus Galiläa, aus der Stadt Nazareth, in das jüdische Land zur Stadt Davids, die da heißt Bethlehem, weil er aus dem Hause und Geschlechte Davids war.

– Findest du das logisch, Johannes? Denk mal scharf nach."

Johannes zögert ein wenig, doch dann schüttelt er den Kopf. „Nein, das leuchtet mir nicht ein", sagt er. „Warum sollte sich das Finanzamt dafür interessieren, wo jemand geboren ist oder herstammt? Und was soll das bringen, wenn die Leute dort hinreisen müssen? Ich nehme mal an: Was die Zimmerei des Josef einbrachte, konnte man an Ort und Stelle, also in Nazareth, viel leichter feststellen als im meilenweit entfernten Bethlehem."

„Genau so ist es", bestätigt der Großvater. „Was einer an Steuern zahlen musste, wurde natürlich da festgelegt, wo er wohnte, wo er sein Geld verdiente, wo er sein Haus und vielleicht auch sein Vieh und seine Äcker hatte. Außerdem wären die Römer schön dumm gewesen, wenn sie ein ganzes Volk, in dem es sowieso schon gärte und brodelte, sozusagen von Amts wegen in Bewegung gesetzt hätten. – Kannst du dir vorstellen, Johannes, warum das eine unglaubliche Dummheit gewesen wäre?"

Johannes zupft sich am Ohrläppchen und nimmt einen Schluck Tee. „Da gab es doch diese Terroristen, na wie hießen sie gleich – ach ja, die Zeloten, die die Römer mit Gewalt aus dem Land jagen wollten. Für die wäre das ein gefundenes Fressen gewesen, eine tolle Gelegenheit, einen Aufstand anzuzetteln oder wenigstens ein paar Zollstationen zu überfallen. Wenn ein ganzes Volk auf den Beinen ist, muss die römische Polizei zwangsläufig den Überblick verlieren."

Der Großvater nickt zustimmend. „Eine bessere Gelegenheit, um nach einem Terror-Anschlag spurlos unterzutauchen, hätten sich die Zeloten gar nicht wünschen können. Auch aus diesem Grund fiel es den Römern nicht im Traum ein, die Bevölkerung wegen dieser Steuergeschichte auf die Reise zu schicken. – Aber das ist noch nicht alles. "

Johannes sieht seinen Großvater fragend an.

„Lukas behauptet, Josef habe sich aufgemacht mit Maria, seiner Verlobten. Doch warum hätte er die mitnehmen sollen? Wer zum Finanzamt zitiert wird, muss deshalb doch nicht gleich seine Verlobte mitbringen. Damals wäre das sogar ein handfester Skandal gewesen, wenn ein Mann es gewagt hätte, mit einer jungen Frau zu reisen, die nicht mit ihm verheiratet war. Und dass Maria hochschwanger war, machte die Sache noch zusätzlich kompliziert."

„Also wenn ich der Josef gewesen wäre", wirft Johannes ein, „dann hätte ich zu meiner Maria gesagt: Bleib du mal schön daheim und pass gut auf dich auf, während ich diese lästige Steuersache erledige."

Dann stützt Johannes sein Kinn in die Hand, wie immer, wenn er angestrengt nachdenkt. „Warum behauptet der Lukas dann all dieses Zeug?", fragt er und es klingt etwas ärgerlich. „Warum mutet er uns all diese Ungereimtheiten zu?"

„Weil er ein Problem hatte", versetzt der Großvater. „Sieh mal, jeder wusste damals, dass Jesus aus Nazareth kam, aus diesem völlig unbedeutenden Bergnest in Galiläa. Und nun musste Lukas seinen Lesern irgendwie plausibel machen, dass Jesus nicht dort auf die Welt gekommen war, sondern eben in Bethlehem."

„Hm. Warum war das denn so wichtig? Das mit Bethlehem, meine ich."

„Das kann ich dir genau sagen", meint der Großvater. „Beim Propheten Micha (5,1) gibt es eine alte Verheißung, dass der Messias aus Bethlehem kommen soll. Die frühen Christen waren überzeugt: Jesus war und ist der Messias, der lang ersehnte Retter, der endzeitlich-endgültige Heilbringer. Es hat keinen Sinn mehr, auf einen anderen zu warten. Und darum musste Jesus natürlich in Bethlehem auf die Welt gekommen sein. Verstehst du?"

Johannes schweigt. In seinen dunklen Augen spiegeln sich die Kerzen, die inzwischen ein Stück heruntergebrannt sind. Nach einer Weile fragt er: „Und was fange ich jetzt an mit der Weihnachtsgeschichte? Wie siehst du das? Hat sie uns heute noch etwas zu sagen?"

„Ich glaube schon", schmunzelt der alte Mann. „Man kann nämlich auch mit erfundenen Geschichten die Wahrheit sagen."

„Im Ernst?" Johannes macht große Augen.

„Aber klar doch!", beharrt der Großvater. „Denk nur mal an die großen Romane der Weltliteratur. Etwa ‚Die Buddenbrooks' von Thomas Mann. Die Geschichte ist frei erfunden. Und doch sagt sie die Wahrheit darüber, wie es damals in einer großbürgerlichen Familie zuging. Oder der Roman

‚Schuld und Sühne' von Dostojewski. Eine erfundene Geschichte, ganz klar – und doch sagt sie die Wahrheit darüber, wie es ist, wenn man Schuld auf sich lädt, wenn man Angst hat vor dem Entdecktwerden und schließlich für seinen Fehltritt bezahlen muss."

„Ich hab die beiden Romane noch nicht gelesen", gesteht Johannes. „Es sind ja auch entsetzlich dicke Bücher."

„Aber den Film ‚Der Herr der Ringe' – den hast du doch sicher gesehen?"

„Und ob!", bestätigt Johannes. „Der Film ist einfach super!"

„Mich hat er ebenfalls beeindruckt", sagt der Großvater. „Und siehst du – auch dieser Film erzählt doch eine Geschichte, die von A bis Z erfunden ist. Und trotzdem finde ich, dass der Film auf seine Weise die Wahrheit sagt. Die Wahrheit darüber, wie es ist, wenn das sorglos-gemütliche Leben plötzlich von einer dunklen, unberechenbaren Gefahr bedroht wird. Die Wahrheit über Machtgier und Verrat – doch zum Glück auch die Wahrheit darüber, was ein paar kleine Leute ausrichten können, wenn sie tapfer sind, fest zusammenhalten und dem Bösen die Stirn bieten. Der Film bringt Saiten in unserer Seele zum Klingen, die nur darauf warten, angeschlagen zu werden. Und genau so, finde ich, ist es auch mit der Weihnachtsgeschichte."

In Johannes´ Gesicht ist ein hellwacher Ausdruck getreten. Aufmerksam sieht er seinen Großvater an. Der fährt fort:

„Die Weihnachtsgeschichte findet in unserer Seele eine so starke Resonanz, weil sie Erfahrungen anspricht, die auch unsere Erfahrungen sind oder werden können. Zum Beispiel das unfreiwillige Unterwegssein. Von den Mächtigen auf Trab gebracht werden und nichts dagegen machen können. Keinen Raum in der Herberge finden, keinen Platz, wo du wirklich geborgen und angenommen bist. Oder wie die Hirten einen Beruf ausüben, der nur wenig Abwechslung mit sich bringt, Nachtschicht machen müssen – und dann die große Überraschung, wenn plötzlich doch ein Licht in die Dunkelheit kommt."

„Du meinst, die Weihnachtsgeschichte spricht uns deshalb an, weil sie irgendwie auch unsere Geschichte ist?"

„Genau, Johannes. Irgendwie ist das auch unsere Geschichte. Äußerlich oder auch innerlich. Vor allem natürlich die Geburt des Kindes. Mit einem Kind kommen ja neue Möglichkeiten auf die Welt. Eine neue Chance, dass etwas besser wird auf unserer Welt. Und so hat jede Geburt etwas von einem Wunder an sich."

Johannes strahlt. „Jede Geburt ein kleines Weihnachten – meinst du das?"

„Wenn du es so ausdrücken willst, meinetwegen. Aber auch in uns drin kann so etwas geschehen. Das göttliche Kind will sozusagen in unserer Seele geboren werden. Und zwar nicht in den hellen Vorzeigeräumen, die wir immer wieder aufpolieren, weil wir einen guten Eindruck machen wollen. Nein, ausgerechnet da, wo unsere tierhaften Seiten sitzen und wo unsere Armseligkeit zu Hause ist, weißt du, all diese Schwä-

105

chen und Macken, mit denen wir uns und anderen das Leben schwer machen. Gerade da, wo es in uns aussieht wie in einem Stall, da kann und soll das rettende Wunder geschehen. Da soll es hell und warm werden, bis wir von innen heraus zu leuchten anfangen."

„Das klingt gut", meint Johannes. „Aber was ist, wenn da nichts passiert – ich meine, in uns drin?"

Der Großvater macht ein ernstes Gesicht. „Dann nützt uns die ganze Weihnachtsgeschichte nichts, und wenn sie historisch noch so einwandfrei verbürgt wäre. Ein kluger Kopf – er nannte sich Angelus Silesius – hat es einmal so formuliert:

Wird Christus tausendmal in Bethlehem geboren

und nicht in dir, du bleibst noch ewiglich verloren.

Verstehst du? Darauf kommt es an, was in dir und in mir geschieht – und nicht darauf, ob die Historiker noch irgendetwas Verlässliches über die näheren Umstände der Geburt Jesu herausfinden können."

Johannes schließt die Augen. Man kann sehen, wie es in ihm arbeitet. „Ich glaube, mir ist jetzt klar, warum die Bilder der Weihnachtsgeschichte bis heute wirken und uns ansprechen", sagt er schließlich. „Aber eines möchte ich doch noch gern wissen. Findest du, dass die Weihnachtsgeschichte darüber hinaus irgendetwas mit Jesus zu tun hat? Ich meine: mit dem richtigen Jesus, der wirklich gelebt hat?"

Wohlwollend und auch ein bisschen stolz ruhen die Augen des Großvaters auf Johannes, der vor Aufregung ganz rote Backen bekommen hat.

„Aber ja", sagt er. „Die Weihnachtsgeschichte hat eine Menge damit zu tun, wie Jesus damals auf seine Umgebung gewirkt hat. Freilich nicht als Kind, sondern als erwachsener Mann. Wo er hinkam, haben Menschen erlebt, wie in ihre dunklen Lebensumstände ein warmes Licht hineinleuchtete. Wie sich der verschlossene Himmel öffnete. Angeschlagene wurden gesund, Ängstliche wurden mutig und Unterdrückte wurden frei. Verzweifelte fanden eine neue Hoffnung, Traurige lernten das Lachen, Arme fühlten sich endlich wahrgenommen und ernst genommen. Manchmal war es gerade so, als sängen die Engel.

Siehst du, Johannes – solche Erfahrungen wurden poetisch verdichtet und an den Anfang zurückverlegt. Und so entstand die Weihnachtsgeschichte. Sie ist zum Glück kein vordergründiger Tatsachenbericht. Sonst wäre sie für uns kaum noch interessant. Sondern sie ist eine dichterische Erzählung voller Schönheit und Tiefsinn. Und gerade so spricht sie uns an und sagt uns die Wahrheit. Die Wahrheit über Jesus – und die Wahrheit über uns."

Johannes nickt nachdenklich. Dann wirft er einen Blick auf seine Uhr. „Ich würde gern noch länger mit dir reden", sagt er, „aber es ist spät geworden und ich muss heim. Du weißt ja, wie meine Eltern sind."

„Schon gut, Johannes. Komm gut heim! Und wenn es dir mal wieder danach ist, dann ruf einfach bei mir an."

Johannes ist schon fast aus der Tür, als er sich noch einmal umdreht. „Übrigens – danke für alles!", ruft er. Und schon ist er weg. Der alte Mann tritt ans Fenster und schaut seinem Enkel nach. Dann wandert sein Blick nach oben. Die Wolkendecke, die den Winterhimmel verdüsterte, ist aufgerissen und gibt den Blick frei auf ein Heer von Sternen. Irgendwie sieht es so aus, als funkelten sie an diesem Abend besonders hell.

Wer das göttliche Kind finden will, darf den Stall nicht scheuen

Meditative Weihnachtspredigt[1]

Vor uns sehen wir brennende Kerzen.
Wir blicken in die Kerzenflammen
und durch sie hindurch ins Unendliche.
Wer mag, kann die Augen auch schließen
und den Blick nach innen richten.

Allmählich erkennen wir eine Winterlandschaft
und unter unseren Füßen einen Weg.
Er führt durch die sternklare Nacht
und endet bei einem Stall,
der sich unter ein paar Bäume duckt.
Warmes, freundliches Licht strahlt aus den Fenstern,
fällt aus der Tür, wenn sie sich öffnet.

Unschlüssig bleiben wir stehen.
Sollen wir eintreten?
Drinnen ist es warm und angenehm hell.
Irgendetwas zieht uns dorthin,
etwas, das sich schwer in Worte fassen lässt.

Doch ein Stall ist eben ein Stall.

---

[1] Ohne Bibeltext

Wenn wir hineingehen,
werden wir uns schmutzig machen.
Der Stallgeruch wird sich festsetzen
in unserer Kleidung, in unseren Haaren.
Andere werden die Nase über uns rümpfen
und geringschätzig fragen:
„Wo seid ihr bloß gewesen?"
Dann werden wir nach Worten suchen
und das, worauf es ankommt,
doch nicht ausdrücken können.
Was also werden wir tun?

(Musik)

Nun sind wir doch eingetreten,
trotz aller Bedenken,
Die Wärme tut gut.
Es riecht nach Heu und Stroh,
auch nach Kuhmist natürlich
und nach der Ausdünstung der Tiere.
Die Wände sind etwas feucht
und in den Spinnweben an der Decke
hängt der Staub.

Erstaunt stellen wir fest,
dass wir nicht allein sind.
Andere , die vor uns gekommen sind,
stehen da und wenden uns den Rücken zu,
hocken am Boden
oder knien neben ein paar Schafen im Stroh,
derbes Schuhwerk an den Füßen,

um die Schultern Mäntel,
die viel Sonne und Regen gesehen haben,
auch Kälte, Schnee und Wind.

Neben diesen einfachen Leuten stehen,
als würden auch sie dazugehören,
ein paar andere, die gar nicht
in diese Umgebung zu passen scheinen:
Gepflegtes Äußeres, vornehme Kleidung,
kostbare Geschenke in den Händen.
Weitgereiste, welterfahrene Leute,
vom ganzen Erscheinungsbild her
irgendwie fremd, seltsam und exotisch,
fernöstliche Weisheit ausstrahlend,
wohl gar durchdrungen von
esoterischem Geheimwissen.
Was die hier suchen mögen?

(Musik)

Im Blickpunkt aller Augen
ein Mann, eine Frau und ein Kind,
in Windeln gewickelt und in einer Krippe liegend.
Etwas ungewöhnlich in dieser Umgebung
und mit diesem ganzen Drumherum,
aber doch nicht so weltbewegend,
um das respektvolle, ja ehrfürchtige Schweigen zu erklären,
das den Raum erfüllt.

Oder vielleicht doch?
Je länger wir stehen und schauen,
selbstvergessen, ganz in das seltsame Bild versunken,

desto deutlicher spüren wir:
Es geht etwas aus von dem Kind in der Krippe,
faszinierend, gewaltig und unbegreiflich.

Ein Wärmestrom,
der den Eispanzer auftaut,
den wir aus Angst vor Verletzungen
um unser Herz und unseren Charakter
herumgelegt haben.

Ein silberner Hoffnungsschimmer,
dass in dieser zerrissenen Welt
so etwas wie Frieden und Versöhnung einkehren kann,
immer gefährdet, oft bekämpft,
aber nicht unterzukriegen.

Eine untrügliche Gewissheit,
dass es sich lohnt zu leben.
Dass es sich lohnt, aufeinander zuzugehen
und einander die Hand zu reichen.

Ein leuchtendes Schweigen,
das die Herzen erfüllt mit Seligkeit.

(Musik)

Staunend werden wir inne:
So ist das also, wenn Gott,
wenn das Eine und Ganze in unser Leben tritt.
Keine barocke Prachtentfaltung,
kein Glanz, der die Augen blendet,

keine erdrückende Vollkommenheit.
Kein Glaspalast, keine Stilmöbel,
keine goldenen Tapeten.

Krippe und Windeln, Heu und Stroh,
Ochs und Esel, Staub und Mist
sind die Begleiterscheinungen der Offenbarung.
So teilt Gott sich mit.
So kommt sein Wort zu uns,
damals wie heute.

Die Kirche zum Beispiel:
Oft genug kein wohnliches, einladendes Haus,
sondern eine windige Notunterkunft.
Hirten sind darin zu finden und Weise ,
doch auch genugsam Schafe, Ochsen und Esel.
Gar nicht zu reden vom Staub der Jahrhunderte
und von dem Mist, der da immer wieder gemacht wird.

Ebenso die Bibel:
Kein fehlerfreies Buch,
kein makelloser Offenbarungspalast,
kein Wunderwerk sprachlicher Architektur.
Eher ein Stall.
Vielfach geflickt,
oft ausgebessert,
manches daran morsch,
manches daran schief.

Darin zuhause:
Die vielfältigen Lebenserfahrungen

einfacher, erdverbundener Menschen
samt mancher Weisheit weitgereister Leute.
Daneben freilich
genug Schaf-, Ochsen- und Eselhaftes,
viel Verstaubtes und auch mancher Mist.
Und doch in all dieser Unvollkommenheit
– verborgen, verkennbar und unaufdringlich –
das erlösende Wort.
Das Kind, dem alle Engel dienen.
Der, "den aller Welt Kreis nie beschloss".
Wer ihn finden will,
darf Stall und Stallgeruch nicht scheuen.

Und wenn wir den Blick auf
unser eigenes Leben richten:
Ist es da anders?
Gewiss, es gab und gibt Kostbarkeiten darin,
Stunden wie Weihrauch, Myrrhe und Gold.
Es gab und gibt Zuwachs
an Weisheit und Lebenserfahrung.
Es gab und gibt gelingendes Miteinander,
gegenseitiges Verstehen,
Wärme und Geborgenheit.

Da ist aber auch der Mist,
den andere hereinschleppten,
und der, den wir selbst gemacht haben.
Da sind verstaubte Ansichten und Gewohnheiten,
von einem Jahr zum andern weitergeschleppt.

Da ist vielleicht auch – mal mehr, mal weniger –
die stumpfsinnige Arbeitshaltung des Ochsen,
die störrische Eigenwilligkeit des Esels,
die ängstliche Überangepasstheit der Schafe
mit ihrem unwiderstehlichen Herdentrieb.
Gelegentlich mag noch die Verspieltheit
von ein paar jungen Katzen hinzukommen.
Jedenfalls ist es ein schöner Stall,
den wir da beisammen haben,
samt Heu und Stroh.

Und eben darin will es geboren werden,
das göttliche Kind.
Mitten in unseren Eigen- und Unarten,
mitten in unseren Fehlern und Schwächen,
mitten in all den Unzulänglichkeiten
unserer Licht- und Schattenseiten.

Gott will im Dunkel wohnen,
um es allmählich von innen heraus
hell und klar werden zu lassen.
So beginnt das Wunder,
das uns menschlich macht.

Erziehung zur Menschlichkeit

Schuljahrbeginn – Matthäus 4,1-11

Es war an einem Tag wie heute, am Anfang eines neuen Schuljahres. Da erhielten die Lehrkräfte einer Privatschule von ihrem Schulleiter folgenden Brief:

„Liebe Kolleginnen und Kollegen!

Ich habe ein Konzentrationslager überlebt. Meine Augen haben Dinge gesehen, die kein menschliches Auge je erblicken sollte: Gaskammern, erbaut von gebildeten Ingenieuren; Kinder, vergiftet von wissenschaftlich ausgebildeten Ärzten; Säuglinge, getötet von erfahrenen Krankenschwestern; Frauen und Kinder, erschossen und verbrannt von Akademikern und ehemaligen Gymnasiasten.

Deswegen traue ich der Bildung nicht mehr.

Mein Anliegen ist: Helfen Sie Ihren Schülern und Schülerinnen, menschlich zu werden. Ihr Unterricht und Ihr Einsatz sollten keine gelehrten Ungeheuer hervorbringen, keine befähigten Psychopathen, keine gebildeten Eichmanns. Lesen, Schreiben und Arithmetik sind nur wichtig, wenn sie dazu beitragen, unsere Kinder menschlich zu machen." [1]

---

1 H.Ginott, zitiert nach E.Ringel/A.Kirchmayr, Religionsverlust durch religiöse Erziehung, 4. Auflage Wien 1986, S.197f

Soweit dieser Brief. Ich denke, er geht nicht nur uns Lehrkräfte etwas an, sondern auch Sie, liebe Eltern, und euch, liebe Schülerinnen und Schüler. Denn Erziehung ist keine Einbahnstraße. Schon gar nicht im Internat. Es wäre seltsam, wenn junge Menschen ab der neunten Klasse nicht allmählich anfangen wollten, selber die Verantwortung zu übernehmen für das, was aus ihnen wird. Und es lässt sich gar nicht vermeiden, dass wir alle – Schüler wie Lehrer – uns gegenseitig beeinflussen und voneinander lernen. Sei es in Zustimmung oder auch mal durch Abgrenzung: Nein, so wie der oder die will ich es ganz bestimmt nicht machen.

Menschlichkeit, Humanität – so heißt das übergeordnete und vordringliche Lernziel, das der zitierte Brief mit Recht anmahnt. Wie ist es zu erreichen? Was braucht der Mensch, um wahrhaft menschlich zu werden? Ja, wenn sich das so einfach sagen ließe! Doch die Antworten auf diese entscheidende Frage gehen bekanntlich auseinander.

„Der Mensch braucht mehr Wissen über sich und die Zusammenhänge, in denen er lebt", sagen z.B. die Aufklärer, und das fängt schon bei Sokrates an. Wer wollte bestreiten, dass da etwas Wahres dran ist? Doch allzu oft bleiben die guten Absichten der Aufklärung in einem saft- und kraftlosen Rationalismus stecken. Angesichts der ungeheuerlichen Zerstörungsmächte, die z.B. ein Hitler oder Stalin entfesselt haben, sind alle Versuche, rein rational dagegen anzukämpfen, von einer geradezu rührenden Hilflosigkeit.

Was bewahrt uns Menschen vor der Unmenschlichkeit?

Weiter und tiefer als die Antwort der Aufklärer scheint mir die Antwort der Tiefenpsychologen zu greifen, die bei C. G. Jung in die Schule gegangen sind. Sie sagen uns: Der Mensch ist wie der Mond. Er hat eine dunkle Seite, die er niemand gern zeigt und oft nicht einmal selber kennt. Dafür projiziert er sie ganz automatisch auf geeignete Sündenböcke. Auf die bösen Juden, auf die gemeingefährlichen Muslime, auf die doofen Lehrer, auf die unausstehlichen Schüler.

Lange bevor ich am Blaubeurer Seminar anfing, habe ich einmal einen damaligen Lehrer gefragt, wie denn die Seminaristen so sind (Seminaristinnen gab's damals noch nicht). Seine Antwort lautete kurz und bündig: „Die sind strohdumm, stinkfaul und rotzfrech." Na ja, er war Mathe-Lehrer und Mathematik zu unterrichten war am Seminar wohl schon immer eine besondere Herausforderung. Trotzdem muss ich sagen: Als ich dann selbst ans Seminar kam, stellte ich fest, dass das einfach nicht stimmt.

Dumm ist hier niemand. Faulheit kommt vor, ist aber nicht die Regel. Und Frechheit habe ich nur in Ausnahmefällen erlebt. Ich meine jetzt die Frechheit von der unangenehmen Sorte, nicht die positive Frechheit, die bekanntlich siegt und die bei der Lebensbewältigung von erheblichem Nutzen ist.

Worum es geht, sagt die Tiefenpsychologie, ist dies: Wir müssen lernen, unsere Schattenseiten nicht mehr wegzuschieben und auf andere zu projizieren. Wir müssen lernen, das Unschöne, Unwillkommene, nicht Vorzeigbare in uns selbst wahrzunehmen und ihm standzuhalten.

Sehr aufschlussreich ist für mich in diesem Zusammenhang die Versuchungsgeschichte Jesu.

Nach seiner Taufe, so erzählt uns das Neue Testament, wird Jesus vom Geist Gottes in die Wüste geführt. Und da wartet der Teufel auf ihn, um ihn gleich wieder abzubringen von dem Weg, den er eben erst eingeschlagen hat. Eine merkwürdige Geschichte.

Aus tiefenpsychologischer Sicht geht es hier um die erzählerische Veranschaulichung eines inneren Kampfes. Ein seelisches Drama spielt sich ab. Eine Entwicklungskrise nimmt ihren Lauf und spitzt sich zu.

Seiner inneren Stimme folgend geht Jesus eine Zeitlang in die Einsamkeit. Dahin, wo es keine Ablenkungen gibt, kein oberflächliches Gerede, keine dröhnende Musik. Dort, in der Wüste, kommt es zur Begegnung mit der dunklen Seite in ihm selbst. Dort werden ihm die drei Versuchungen oder Fallen bewusst, die sein Auftrag mit sich bringt.

Da ist zuerst einmal die Versuchung, aus Steinen Brot zu machen, sprich: das Materielle in den Vordergrund zu stellen und auf äußerliche Absicherungen zu bauen. Ich denke, wir können das Verlockende daran gut nachempfinden, besonders in einer Zeit des knappen Geldes in der Kirche und anderswo.

Da ist zweitens das andere Extrem, die genau entgegengesetzte Versuchung. Nämlich sich vom religiösen oder charismatischen Hochgefühl überfluten zu lassen, der mühsamen Kleinarbeit des Alltags auszuweichen, vom Boden der

Realität abzuheben und auf einer rosaroten Weihrauchwolke davon zu schweben.

Und da ist schließlich die Versuchung, sich einen Zuwachs an Macht zu beschaffen dadurch, dass man auf Teufel komm raus beliebt sein will und sich dafür dann auch mit dem erkannt Negativen verbündet, statt sich klar davon zu distanzieren. Bildhaft gesprochen heißt das, dass man mit dem Teufel paktiert oder ihn sogar anbetet.

In allen drei Versuchungen geht es zugleich darum, Ansehen, Einfluss und Selbstbewusstsein zu gewinnen. Oder vielmehr: zu erschleichen. Auf eine Art, die unmöglich gesund sein kann und sich auf die Dauer nicht auszahlt.

Und so etwas soll nun auch in uns selber drinstecken? Es ist nicht besonders lustig, das zu entdecken. Ja, Selbsterkenntnis kann ganz schön unangenehm sein. Darum liegt sie auch nicht im Trend. Da lag sie übrigens noch nie.

Doch wer den Teufel in sich selbst noch nie entdeckt hat, steht häufig unter dem Zwang, andere verteufeln zu müssen. Er steht seinem eigenen Reifungsprozess im Weg. Er begünstigt den fatalen Kreislauf, den es doch gerade zu durchbrechen gilt: den Kreislauf der Vorurteile und der gegenseitigen Verdächtigungen.

Darum kommt es hier entscheidend darauf an, dass Jesus vor dem Teufel nicht davonläuft, vor diesen negativen Möglichkeiten, die er als seine eigenen Möglichkeiten entdeckt und wahrnimmt. Woher nimmt er bloß die Kraft dazu?

Ich denke, es ist kein Zufall, dass vor der Versuchungs-geschichte die Taufgeschichte steht. Jene Geschichte, wo Jesus plötzlich über den Horizont der Alltagswirklichkeit hin-aussieht und erkennt: Mit mir, mit meinem Leben und mit dieser zwielichtigen Welt muss ich nicht allein fertig werden. Da ist ja etwas oder jemand, der mich trägt und hält. Je-mand, der meinem Leben eine Richtung und einen Sinn gibt. Da ist eine geheimnisvolle Macht, die mit einer gütigen, müt-terlich-väterlichen Stimme zu mir sagt: Du bist mein Sohn. Ich mag dich. Du gefällst mir.

Ohne der Einzigartigkeit Jesu etwas abbrechen zu wollen, wird man doch sagen können, dies sei das Grundlegende in einem Christenleben, Gefühl und Einsicht in einem: Ich bin einer von Gottes geliebten Söhnen. Ich bin eine von Gottes geliebten Töchtern. Gott mag mich. Gott findet Gefallen an mir.

Auf der Grundlage dieser Überzeugung können wir mensch-lich werden und es bleiben. Ja, ich finde, die zarte und so verletzliche Pflanze der Humanität braucht den Mutterboden einer gesunden Spiritualität, um wachsen und gedeihen zu können.

Gott mag mich und findet Gefallen an mir! Mit dieser tröstli-chen Gewissheit kann man mutig in die Wüsten und Durst-strecken des Lebens hineingehen. Auch in die eines neuen Schuljahres. Womit ich nicht gesagt haben will, dass das neue Schuljahr in der Hauptsache staubtrocken und wüs-tenmäßig wird. In all den Jahren, die ich hier bin, haben die erfreulichen Seiten bis jetzt noch immer überwogen. Ich gehe davon aus, dass das auch weiterhin so sein wird. Aber das andere, die Durststrecken, die gibt es eben auch ab und zu. Etwa wenn die griechischen Wörter einfach nicht in den Kopf wollen. Oder wenn sich in Physik der Durchblick lange nicht einstellen will. Oder wenn die beste Freundin sich plötzlich von einem abwendet und andere Wege geht.

Wenn uns Gott den Rücken stärkt, müssen wir den Durst-strecken nicht ausweichen. Sie gehören zum Leben dazu und haben ihren guten Sinn. Und wir müssen nicht immer wieder vor uns selbst davonlaufen. Wir können den Stimmen der Versuchung standhalten, sie zu Wort kommen lassen und ihnen eine passende Antwort geben. Eine, die weiterhilft und den Weg in die Zukunft nicht verbaut, sondern offen hält.

Jesus – mehr als Jona oder Salomo

Lukas 11,29-32[1]

Von allen Seiten drängten sich die Leute um Jesus. Da sagte er zu ihnen: Die Wortführer dieser Generation sind auf einem bösen Irrweg. Sie verlangen nämlich ein Wunderzeichen von mir (als Beweis, dass ich tatsächlich im Auftrag Gottes rede und handle). Aber sie werden kein anderes Zeichen bekommen als das des Jona.

Denn wie Jona für die Leute von Ninive zum Zeichen wurde, dass sich bei ihnen etwas ändern muss, so bin ich ein Zeichen für diese Generation. Ich, der Mensch Jesus.

Die Königin von Saba wird am Tag des Gerichts auftreten, und ihre Zeugenaussage wird dazu führen, dass eure Generation verurteilt wird. Denn eben diese Königin kam von weither, um von der Weisheit des Königs Salomo zu lernen. Und macht die Augen auf: Hier steht ein Größerer als Salomo!

Auch die Einwohner von Ninive werden diese eure Generation am Gerichtstag schuldig sprechen. Denn als Jona sie warnte, haben sie ihr Leben geändert. Und macht die Augen auf: Hier steht ein Größerer als Jona!

Als ich auf die Botschaft dieses Bibeltextes horchte, da hat mich eine Frage nicht mehr losgelassen. Hier wird behauptet, Jesus habe mehr zu bieten als Jona oder Salomo. Und

---

[1] In einer sinngemäßen, interpretierenden Übertragung von mir

zwar nicht wegen seiner Göttlichkeit, sondern als Mensch. Worin besteht nun aber dieses „Mehr"? Wo liegt der Qualitätsunterschied?

Fangen wir an bei Jona. Das Alte Testament erzählt uns, wie er von Gott den Auftrag erhält, in die Großstadt Ninive zu gehen und ihr den Untergang anzusagen. Weil ihr gottloses Treiben zum Himmel stinkt.

Jona ist nicht begeistert von dem Auftrag. Aber schließlich geht er doch und richtet seine Botschaft aus: „Noch vierzig Tage, dann ist Ninive am Ende!"

Und nun ist interessant, wie die Leute von Ninive, diese heidnischen Großstädter, darauf reagieren. Wider alles Erwarten nehmen sie die Warnung ernst. Darum heißt es jetzt: Schluss mit lustig! Ein allgemeines Fasten wird angeordnet. Die elegante Kleidung verschwindet im Kleiderschrank. Stattdessen wird ein Büßergewand übergezogen, das wie ein Sack aussieht und aus dem gleichen groben Stoff gemacht ist.

Das Ziel dieser Bemühungen ist klar: „Wer weiß – vielleicht lässt Gott es sich doch noch gereuen und nimmt Abstand von seinem grimmigen Zorn, dass wir nicht untergehen" (Jona 3,9).

Es geht also darum, den göttlichen Zorn zu besänftigen. Und zwar so, dass man ihm mit einer Art Selbstbestrafung zuvorkommt, mit Essensentzug und dem Verzicht auf vorteilhafte Kleidung. Es geht darum, Gott zu zeigen: Du brauchst mich nicht mehr „zusammenzustauchen" und in die Pfanne zu

hauen. Ich bin schon klein und hässlich, traurig und zer-
knirscht.

Auch im Judentum zur Zeit Jesu gab es solche Bußübungen.
Besonders bei den Pharisäern. An zwei Tagen in der Woche
rührten sie keinen Bissen an. Alle Achtung! Da gehört viel
Willenskraft dazu, wie jeder weiß, der das mal versucht hat.

Befremdlicherweise haben Jesus und sein Freundeskreis
sich jedoch verabschiedet von dieser guten alten Sitte. Das
führte zu einer verwunderten, ja entrüsteten Anfrage: „Sag
mal, Jesus, was erlaubst du dir eigentlich? Die Schüler des
Johannes halten sich an das Fasten, die Schüler der Pharisäer ebenso – warum machen dann deine Schüler nicht
mit?"[1]

Jesus hat darauf die verblüffende Antwort gegeben, dass
man auf einer Hochzeit doch unmöglich fasten kann. Offenbar wollte er sagen: Wenn Gott zu den Menschen kommt –
und das tut er jetzt, in meiner Person –, dann ist das kein
Grund zum Fasten, sondern zum Festen. Denn Gott kommt
nicht als Rächer und Richter.

Es stimmt schon, dass er euch bis ins Herz sieht. Er kennt
eure Hintergedanken und durchschaut eure Schattenseiten.
Aber er verurteilt euch nicht und schickt euch nicht in die Hölle. Sondern er versteht euch und hat euch lieb. Er kommt als
Helfer, um euer angeschlagenes Leben zu heilen.

---

[1] vgl. Markus 2,18

Eben deshalb begegnet uns in Jesus etwas Größeres und Besseres als in Jona. Jona nämlich und mit ihm alle Gerichtspropheten der Bibel waren umgetrieben von der Besorgnis: „Wenn Gott kommt, dann gibt es eine Katastrophe. Darum ändert euer Leben, bevor er kommt. Denn wenn er erst mal da ist, ist es zu spät."

So hören wir es noch aus dem Mund Johannes des Täufers (Matthäus 3,10-12): „Kehrt um, denn das Reich Gottes ist nahe herbeigekommen – und eben damit der Richter, der die Guten und die Bösen endgültig auseinandersortieren wird."

Und dann kommt Jesus – und macht keinerlei Anstalten, diese Richterrolle zu übernehmen. Zwar sagt auch er: „Kehrt um, denn das Reich Gottes ist ganz nahe!" Doch in seinem Mund haben diese Worte einen anderen Klang als bei Johannes. Bei ihm, dem Täufer, war der drohende Unterton nicht zu überhören: „Kehrt bloß um, sonst wird euch Gott wie einen morschen Baum umhauen und ins Feuer werfen!"

Jesus dagegen droht nicht. Sondern er lädt ein: „Gott ist euch nahe und hat euch angenommen. Geschenkweise, ohne zu prüfen, ob ihr das auch verdient habt. Das gibt eurem Leben eine neue, verlässliche Grundlage. Und von dieser neuen Grundlage aus könnt ihr euer Leben dann auch äußerlich in Ordnung bringen." Und das funktioniert; denken Sie nur etwa an die Geschichte mit dem Zöllner Zachäus in Lukas 19.

So ist das also mit der Hinwendung zu Gott: Sie ist etwas Fröhliches und Beglückendes! Da muss man nicht zuerst den Kopf hängen lassen und Reue oder Zerknirschung an den Tag legen. Jesus hat mit den Zöllnern, den Dirnen und anderen moralischen Versagern bekanntlich keine Bußübungen veranstaltet. Ja, wenn er das gemacht hätte, wenn er ihnen Asche aufs Haupt gestreut und mit ihnen gefastet hätte, oder wenn er mit ihnen gesungen hätte: „O Mensch, bewein dein Sünde groß", dann wäre die Sache in Ordnung gewesen. Dann hätte sich niemand darüber aufgeregt.

Aber Jesus hat eben nichts dergleichen gemacht. Er hat diesen „Weltkindern" noch nicht einmal eine Beichte abgenommen. Sondern er hat sich mit ihnen an einen Tisch gesetzt und die gute Nähe Gottes gefeiert (Markus 2,15f; Lukas 15,1f).

Wer bei diesen fröhlichen Mahlzeiten dabei war, der spürte auf einmal, was Jesus bei anderer Gelegenheit auch ganz offen ausgesprochen hat: – Dir sind deine Sünden vergeben; du bist von Gott angenommen.

So befreiend diese Worte für die einen waren, so ärgerlich waren sie für die anderen. Kein Prophet, kein Jesaja, kein Jona und auch kein Johannes hatte sich je so etwas angemaßt! Und nun weigerte sich dieser Jesus auch noch, durch ein Wunderzeichen vom Himmel seinen Anspruch beglaubigen zu lassen. Diesen ungeheuerlichen Anspruch, Sünden vergeben zu können. Was sollte man also von diesem Menschen halten? War er ein verdammter Angeber, ein gotteslästerliches Großmaul – oder war er am Ende wirklich von Gott bevollmächtigt und von seinem Geist erfüllt? –

Doch nun zu König Salomo. Er ist die zweite Gestalt, mit der Jesus in unserem Predigttext verglichen wird. Und das geschieht offenbar darum, weil Salomo bekannt ist als prominentester Vertreter der alttestamentlichen Weisheit. Das Buch der Sprüche vermittelt uns einen anschaulichen Eindruck, was es mit dieser Weisheit auf sich hat.

Es geht da um Lebenserfahrungen in Gestalt von Sprichwörtern. „Wer andern eine Grube gräbt, fällt selbst hinein", oder: „Unrecht Gut gedeiht nicht" – so etwas hat man auch im alten Israel gewusst (vgl. Sprüche 26,27 und 10,2).

Manche dieser biblischen Sprichwörter sind bis heute beherzigenswert. So zum Beispiel dies: „Wer sich in Händel einmischt, die ihn nichts angehen, ist wie einer, der einen streunenden Hund in die Ohren zwickt" (Sprüche 26,17). Das heißt, er riskiert, gebissen zu werden. Und was für manche tröstlich sein mag: Es gab auch damals schon Partnerschaftsprobleme. Im Sprichwort hört sich das so an: „Lieber in der Wildnis hausen als bei einer launischen und streitsüchtigen Frau" (Sprüche 21,19). Wobei ich hinzufügen möchte, dass das natürlich auch umgekehrt gilt. Also für den Fall, dass der Mann ein mürrischer Streithammel ist.

Freilich können wir die Lebensregeln von damals nicht unbesehen übernehmen. Das Lob der Prügelstrafe etwa (Sprüche 13,24 und öfter) ist aus heutiger Sicht ebenso verkehrt wie die Empfehlung, dass man traurigen und verzweifelten Menschen Bier und Wein geben soll, damit sie ihr Unglück vergessen (Sprüche 31,6f). Denn das ist ein ziemlich sicheres Rezept, wie man jemand zum Alkoholiker machen kann.

Die Zeiten ändern sich. Manches, was zu Salomos Zeiten als Weisheit gegolten hat, erscheint uns heute fragwürdig oder schlicht überholt. Aber das ist nicht der Knackpunkt, wenn es um den Unterschied geht zwischen Salomo und Jesus.

Entscheidend ist vielmehr die Grundvoraussetzung, auf der die ganze alttestamentliche Weisheit beruht. Immer wieder wird sie auf den Nenner gebracht: „Die Furcht vor Gott ist der Weisheit Anfang" (Psalm 111,10; Sprüche 9,10 und öfter).

Wir möchten diese Furcht natürlich als Ehrfurcht ausgelegt haben, und daran ist auch etwas Richtiges. Aber die ganze Wahrheit ist das noch nicht. Denn zu dieser Gottesfurcht gehörte vor allem die genaue Befolgung des Mosegesetzes (vgl. Psalm 119 sowie Sirach 19,18 bei Luther). Da darf man keine kritischen Fragen stellen, wozu diese oder jene Vorschrift denn gut sein soll. Das war zur Zeit Jesu die herrschende Auffassung, und im orthodoxen Judentum sieht man das bis heute so.

Bekanntlich wurde Jesus einmal gefragt, was denn das wichtigste Gebot sei. Das war keine harmlose Frage, sondern eine Fangfrage. Eine Falle, in die Jesus hineintappen sollte (Matthäus 22,35f). Denn die Gottesfurcht, mit der alle Weisheit anfing, ließ es einfach nicht zu, dass man bei den heiligen Geboten Gottes Unterschiede machte hinsichtlich ihrer Wichtigkeit. So etwas Fürwitziges, ja Vermessenes hätte Gott übelgenommen. Davon waren die Frommen jener Zeit zutiefst überzeugt.

Aber Jesus weist die Frage nach dem wichtigsten Gebot nicht zurück. Er beantwortet sie ohne Zögern. Und zwar so, dass er aus dem alttestamentlichen Wust von mehr als 600 Geboten zielsicher zwei herausgreift: „Du sollst Gott lieben von ganzem Herzen, von ganzer Seele und mit all deiner Kraft." Und: „Du sollst deinen Nächsten, sprich: deinen Mitmenschen lieben wie dich selbst." Eine kluge, ja geniale Antwort. Aber sie verlangte Mut, viel Mut. Weder Salomo noch sonst ein Weisheitslehrer hätte sich so etwas getraut.

Worauf es also in erster Linie ankommt, das ist die Liebe zu Gott oder, was fast dasselbe ist, die Liebe zum Leben. Der 1.Johannesbrief hat das ausgesprochen hellsichtig beschrieben. Da heißt es nämlich in Kapitel 4 (Vers 16ff): „Gott ist Liebe, und wer in der Liebe bleibt, der bleibt in Gott und Gott in ihm… Furcht ist nicht in der Liebe, sondern die vollkommene Liebe treibt die Furcht aus."

Gerade so sehe ich es bei Jesus. Er lebte ganz in der Liebe zu Gott. Darum hatte er vor Gott keine Angst. Darum konnte er auch darauf verzichten, anderen mit Gott Angst einzujagen und ihnen die Hölle heiß zu machen.

Doch genau das geschieht ja nun in unserem Predigttext. Da wird ganz massiv gedroht mit der Verdammung beim „jüngsten", d.h. letzten und endgültigen Gericht. Damit stehen wir vor einer Frage, die nicht wenige Christen auch heute bedrängt und umtreibt: Gibt es so etwas wie ein Endgericht? Und das heißt ja konkret: Muss ich jetzt doch Angst haben? Vielleicht nicht um mich, aber um meinen Mann oder meine Kinder, die dem Glauben ablehnend oder gleichgültig gegenüberstehen?

Ich habe keine fertige Antwort auf die Fragen, die hier aufbrechen. Ich kann Ihnen nur ein paar Beobachtungen weitergeben, die mir in dem Zusammenhang wichtig geworden sind.

Erste Beobachtung: Was im Neuen Testament über das Gericht gesagt wird, geht so weit auseinander, dass es sich nicht unter einen Hut bringen lässt. Bei Matthäus zum Beispiel wird das Gericht so in den Vordergrund gestellt, dass aus der Frohbotschaft geradezu eine Drohbotschaft geworden ist. Im Johannesevangelium (3,17f) hören wir dagegen: „Gott hat seinen Sohn nicht gesandt, um die Welt zu richten, sondern um die Welt zu retten. Wer an ihn glaubt, wird nicht verurteilt. Wer aber nicht glaubt, der ist schon verurteilt." Das heißt: Wer meint, auf ein gesundes Gottvertrauen verzichten zu können, der verurteilt sich selbst zu einem Dasein ohne tragenden Grund, ohne letzte Geborgenheit und ohne tieferen Sinn. Und damit ist er schon bestraft genug (Johannes 3,19).

Zweite Beobachtung: Wo der Glaube seine Fröhlichkeit verliert und zu einer anstrengenden Pflichtübung wird, da nisten sich oft heimliche Neid- und Hassgefühle ein auf die Leute, die vom Glauben nichts halten – und dabei doch ganz gut zu leben scheinen. Manchmal sogar unverschämt gut. Es wäre doch zu schön, wenn man die wenigstens heruntermachen und verurteilen dürfte!

Aber nun hat Jesus uns Christen das Richten ja ausdrücklich verboten (Matthäus 7,1ff). Was tut man also? Unter der Hand schiebt man die Richter-Rolle anderen zu. Selber darf man die Ungläubigen nicht verdammen. Aber die Königin von Saba oder die Leute von Ninive, die könnten das doch für uns besorgen. Das wäre doch eine praktische Sache! Dann haben die Ungläubigen ihr Fett weg – und wir sind fein heraus.

Es wäre ein Wunder, wenn in einer verfolgten und unterdrückten Gemeinde solche Wünsche ausgeblieben wären. Und die frühen Christengemeinden waren verfolgt und unterdrückt. Ihnen könnte ich darum die Verdammungsurteile unseres Predigttextes durchaus zutrauen. Zumal hier in Bausch und Bogen eine ganze Generation abgeurteilt wird. Jesus dagegen traue ich – ehrlich gesagt – so etwas nicht zu. Ungerechte Pauschalurteile passen einfach nicht zu ihm. Derlei wurde ihm wohl doch eher in die Schuhe geschoben von Gemeindepropheten, die später in seinem Namen gesprochen haben.

Dritte und wichtigste Beobachtung: Im Unterschied zum Judentum oder Islam glauben wir Christen an einen Gott, der nicht nur die Frommen liebt und annimmt, sondern auch die Unfrommen und Gottlosen, wie Paulus im Römerbrief schreibt (Kapitel 4,Vers 5). Das heißt nun beileibe nicht, dass Gott alles gut findet, was wir Menschen so treiben oder anstellen. Aber er macht einen Unterschied zwischen unserer Person und unseren Taten. Und zwar zu unseren Gunsten. Der Schmu, den wir uns eventuell geleistet haben, der wird früher oder später auffliegen. Der Mist, den wir vielleicht gemacht haben, der wird früher oder später zugrunde gehen. Das kann ziemlich peinlich sein. Es kann sogar richtig wehtun. Aber es wird uns nicht das Leben kosten. Auch nicht das Ewige Leben. Das zu wissen, tut gut. Und es macht froh.

Unpassende Passionschoräle

Musik öffnet die Türen zu den Tiefenschichten unserer Seele. Was wir hören oder lesen, rauscht oft an uns vorbei und
ist schnell wieder vergessen. Aber was wir singen, womöglich immer wieder singen, das geht unter die Haut und nistet
sich ein in unserer Seele. Wenn uns unsere seelische Gesundheit wichtig ist, tun wir darum gut daran, sehr genau darauf achten, was wir singen. Beispielsweise in der Kirche.
Und da vor allem in der Passionszeit.

Ich würde ja zu gern wissen, was in Ihnen vorgeht, wenn die
gängigen Passionschoräle aus Ihrem Mund kommen. Haben
Sie eine klare Vorstellung, wie das bei Ihnen ist? Singen Sie
die Passionschoräle mit Wonne? Oder mit Grausen? Oder
mit einer pikanten Mischung aus „Schrecken und Entzücken"
(EG 91,4)? Oder singen Sie vielleicht nur mit dem Mund,
während Ihr Herz auf Distanz geht?

Mich beschäftigt die Frage: Was lernen wir denn beim Singen dieser Choräle? Was wird uns da beigebracht? Drei Lek-
tionen stechen mir besonders ins Auge. Drei trübe Kapitel,
die zugleich auch einen gewissen Reiz haben. Einen ähnli-
chen Reiz wie der Rauch für die Augen.

Als erste Lektion lernen wir: Ich bin schlecht. Und zwar nicht
nur so ein bisschen, sondern durch und durch. Ich bin ein so
übles Subjekt, dass ich ein Todesurteil verdient hätte und
anschließend in der Hölle schmoren müsste. Und es gibt
keine Aussicht auf Besserung. Ich bin schlecht, und ich blei-

be schlecht. Denn nächstes Jahr um diese Zeit soll ich ja wieder singen: „O Mensch, bewein dein Sünde groß" (EG 76,1). Alle Jahre wieder soll ich ein schlechtes Gewissen haben, weil ich mit meiner Sündenlast ja angeblich schuld daran bin, dass Jesus so schrecklich leiden und sterben musste. Und so tragen die Passionschoräle ganz erheblich dazu bei, dass der evangelische Glaube verdüstert wird durch ein mausgraues bis rabenschwarzes Menschenbild.

Bei Jesus lernen wir freilich etwas anderes. Jesus hat zu niemandem gesagt: „Du bist schlecht. Du bist ein hoffnungsloser Fall. Du bist ein verlorener und verdammter Sünder." Im Gegenteil! Jesus hat Menschen auf ihre positiven Möglichkeiten hin angesprochen. Zum Beispiel die ertappte Ehebrecherin in Johannes 8. Jesus sagt zu ihr: „Geh und sündige hinfort nicht mehr." Also mit anderen Worten: Du kannst das, dein Leben ändern und etwas Besseres daraus machen. Ich, Jesus, traue dir das zu.

Oder denken Sie an den Schriftgelehrten, der Jesus fragt. was er denn tun muss, um das Ewige Leben zu bekommen. Daraufhin bekommt er das Gleichnis vom barmherzigen Samariter zu hören (Lukas 10,25ff). Und am Ende sagt Jesus dem Sinn nach: „Du hast das begriffen? Gut. Dann geh und mach es ebenso."

Jesus hat kein Interesse daran, uns herunterzumachen. Er traut uns etwas zu. Und er macht uns Mut, unseren richtigen Einsichten die entsprechenden Taten folgen zu lassen. Sein Menschenbild und das der Passionschoräle sind unvereinbar wie Feuer und Wasser. Für uns stellt sich damit die Frage: Was will ich denn? Will ich mich in dem lauwarmen Gefühl meiner Schlechtigkeit suhlen, und das alle Jahre wieder – oder will ich mich von Jesus ansprechen lassen auf meine positiven Möglichkeiten und sie nach Kräften verwirklichen?

Unsere Ausgangsfrage war: Was lernen wir denn aus den Passionschorälen? Die erste Lektion trug die Überschrift: Ich bin schlecht. Als zweite Lektion wird uns beigebracht: Gott hat ein Doppelgesicht. Mit dem einen lächelt er uns freundlich an. Das andere ist vor Zorn hochrot angelaufen. Er will gut zu uns sein – einerseits. Andererseits aber ist er ein strafwütiger Gerechtigkeitsfanatiker. Blut muss fließen, sonst gibt es keine Verzeihung. Um seine anderen Kinder – also uns – zu verschonen, macht er erst mal seinen Lieblingssohn zum Prügelknaben und lässt ihn einen qualvollen Tod sterben.

Wenn Kinder ihre Eltern so doppelgesichtig erleben, dann werden sie krank. Sie entwickeln Depressionen, manchmal sogar eine Bewusstseinsspaltung. Darum kann das Gottesbild der Passionschoräle unmöglich gesund sein. Es ist krank, und es macht krank. Jedenfalls dann, wenn man es ernst nimmt und ein einigermaßen sensibler Mensch ist. Man kann das auch so sagen: Das Gottesbild der Passionschoräle ist eine traurige Karikatur des heilenden und befreienden Gottes, für den Jesus in Wort und Tat eingetreten ist. Wenn Jesus Recht hat, dann ist Gott nämlich kein Buchhaltergott, kein Prinzipienreiter und erst recht kein Richter und Henker. Sondern er mag die Menschen, und zwar ganz einfach deshalb, weil sie seine Geschöpfe sind.

Im Vertrauen auf diesen Gott hat Jesus belastete Menschen freigesprochen von ihrer Schuld. Einfach so, kraft der ihm verliehenen Vollmacht. Und er hat uns beten gelehrt: „Vergib uns unsre Schuld, so wie auch wir denen vergeben, die an uns schuldig geworden sind" (Matthäus 6,12; Lukas 11,4).

Und jetzt frage ich Sie: Wie ist das denn bei uns, wenn wir jemandem vergeben? Muss da erst mal Blut fließen? Also bei mir jedenfalls nicht. Bei Jesus übrigens auch nicht. Wo er Menschen die Vergebung zugesprochen hat, da hat er es immer auf die sanfte Art gemacht, ohne auch nur einen Tropfen Blut zu vergießen. Das war neu. Das hat seine Zeitgenossen befremdet und teilweise auch geärgert. Irritiert haben sie gefragt: „Dieser Jesus – was erlaubt der sich eigentlich? Sündenvergebung ohne sühnendes Opfer – wie soll das gehen?"

Anfragen dieser und ähnlicher Art hat Jesus beantwortet mit seiner verblüffenden Geschichte vom Verlorenen Sohn (Lukas 15). Von allen Gleichnissen, die er erzählt hat, ist dies wohl das bekannteste. Zugleich ist es aber auch das, das bis heute am wenigsten verstanden wird.

Was macht Jesus denn mit diesem Gleichnis? Er hebt die scheinbar so unumstößliche Logik von Schuld und Strafe aus den Angeln! Und er erreicht das dadurch, dass er die Freude des Wiederfindens ins Spiel bringt. Von dieser Freude ist der Vater im Gleichnis erfüllt, als er den verloren geglaubten Sohn gesund wiederhat. Vor lauter Freude ist in seinem Herzen überhaupt kein Platz für Zorn oder Strafgedanken. Und das, obwohl der Sohnemann ziemlich viel falsch gemacht hat. Er hat viel Geld zum Fenster hinausgeworfen. Er hat seine Karriere in den Sand gesetzt und ist bei den Schweinen gelandet. Sei's drum! Jetzt wird gefestet, weil er wieder da ist.

Zum rechten Feiern gehört ein Festessen. Also wird nun ein Kalb geschlachtet. Für einen leckeren Braten wohlgemerkt, nicht etwa zur stellvertretenden Sühne für die Sünden des Sohnes. Ein Kalbsbraten und ein Opferlamm sind allemal zwei Paar Stiefel.

Was will Jesus mit diesem Gleichnis sagen? Gott, der sich im Vater dieser Geschichte spiegelt, will und braucht kein stellvertretendes Opfer, um uns nach einem Fehltritt (oder einer ganzen Serie von Fehltritten) wieder in die Arme zu schließen. Wenn jemand meint, ihn mit Opferblut besänftigen zu müssen, dann ist das im Grund eine Beleidigung.

Genau aus diesem Grund hat sich Jesus über den Opferbetrieb im Jerusalemer Tempel so aufgeregt. Soweit wir wissen, war dies das erste und einzige Mal, dass er richtiggehend ausgerastet ist, ja sogar gewalttätig wurde, wie wir in der Schriftlesung gehört haben (Markus 11,11-17). Was in unseren Bibeln verharmlosend als „Tempelreinigung" ausgegeben wird, das war in Wirklichkeit eine flammende Protestaktion gegen den Opferkult. Von dem lebte nun aber der Tempel und mit ihm die gesamte Priesterschaft. Das hat Jesus ans Kreuz gebracht (Markus 11,18). Das und nicht etwa unsere Sünden, die – seien wir ehrlich – meistens doch recht popelig ausfallen.

Schade, dass ein so kluger Kopf wie der Apostel Paulus diesen offenkundigen Zusammenhang nicht mehr gesehen hat! Auch das Gleichnis vom Verlorenen Sohn war ihm offenbar unbekannt. Sonst hätte seine ganze Theologie ein anderes Gesicht bekommen. Ein klareres Gesicht. Ein humaneres Gesicht. Und wenn schließlich der Verfasser des Hebräerbriefs unverdrossen in die alte Leier einstimmt, dass es ohne Blutvergießen keine Vergebung gibt (Hebräer 9,22), dann zeigt er damit nur, dass er an einer entscheidenden Stelle von Jesu Botschaft nichts begriffen hat.

Ja, Moment mal: Sagt Jesus denn nicht im Abendmahl: „Das ist mein Blut (…), das für viele vergossen wird zur Vergebung der Sünden" (Matthäus 26,28)? Darauf antworte ich: Dieses Deutewort für den Kelch stammt ganz bestimmt nicht von Jesus. – Haben Sie ein gutes Vorstellungsvermögen? Dann stellen Sie sich jetzt einmal vor, Sie sollten Spinnen essen. Womöglich welche, die noch krabbeln und zappeln. – Was löst diese Vorstellung bei Ihnen aus? Ich schätze, die Skala reicht von „Brrr! Igitt, wie eklig!" bis zu „Pfui Teufel, da krieg ich ja Brechreiz!" – Sehen Sie: Genauso ekelhaft war und ist für Juden die Vorstellung, Blut zu trinken. Darum kann dieses Wort unmöglich von Jesus stammen. Frühchristliche Theologen haben es aus alttestamentlichen Bruchstücken zusammengebastelt und Jesus nachträglich in den Mund gelegt (fast hätte ich gesagt: in die Schuhe geschoben).

Sie merken: Ich kann und will kein Hehl daraus machen, was mir im Lauf eines langen Theologenlebens aufgegangen ist. Ich will Ihnen aber auch keine Vorschriften machen, wie Sie die Dinge zu sehen haben. Letztlich ist es natürlich Ihre Sache, an was für einen Gott Sie glauben wollen. An den gütigen, verständnisvollen Vater, für den Jesus eingetreten ist – oder an den zwielichtigen Vater der Passionschoräle, der als

Preis für seine Kinderliebe eine grausame Hinrichtung verlangt.

Damit sind wir bei der dritten Lektion. Sie besagt: Jesus war ein braves Schaf und hat sich für unsere Erlösung freiwillig abschlachten lassen. Ich belege das mit einem Zitat aus dem Gesangbuch (EG 83,1):

Ein Lämmlein geht und trägt die Schuld
der Welt und ihrer Kinder.
Es geht und büßet in Geduld
die Sünden aller Sünder.
Es geht dahin, wird matt und krank,
ergibt sich auf die Würgebank,
entsaget allen Freuden;
es nimmet an Schmach, Hohn und Spott,
Angst, Wunden, Striemen, Kreuz und Tod
und spricht: Ich will's gern leiden.

Ich sehe nicht, wie ich hier denen widersprechen könnte, die daraus den Schluss ziehen: Der zornige, strafwütige Gottvater findet sein passendes Gegenüber im unterwürfigen, leidenswilligen Sohn. Aus der Sicht der Passionschoräle, wohlgemerkt. In Wirklichkeit war Jesus nämlich alles andere als leidenswillig. Er hielt nichts davon, den irdischen Freuden zu entsagen. Er hat das Leben geliebt und das Leiden bekämpft, wie seine vielen Krankenheilungen zeigen. Er hat sich am Essen gefreut und auch den Wein nicht verachtet. Im Genießen war er so ungeniert, dass seine Gegner ihn darob beschimpft haben als „Fresser und Säufer" (Matthäus 11,19; Lukas 7,34). Gelegentlich ließ er sich sogar von Frauenhänden pflegen, einölen und parfümieren, sehr zum Befremden seiner Schüler und der übrigen Anwesenden (Markus 14,3ff; Lukas 7,36ff).

Wenn wir den Evangelien folgen, dann hat Jesus nicht verkündet: „Ich bin gekommen, um für eure Sünden zu sterben". Sondern er hat den Anbruch des Gottesreiches angesagt (Markus 1,14f). Das Reich Gottes, das war für ihn der Zustand, wo Menschen satt werden und fröhlich lachen können (Lukas 6,20f). Wo Gott regiert – der richtige, der eindeutige, der gütige Gott –, da leben die Menschen auf. Da werden sie glücklich. Da wird das Leben erst richtig lebenswert.

Das war der heilende und befreiende Inhalt der Botschaft Jesu. Ein selbstgewähltes Todesurteil passt dazu ungefähr so gut wie ein Sarg auf eine Hochzeit. Aber Jesus hat sein gewaltsames Ende ja gar nicht selbst gewählt. Sonst hätte er sich der Tempelpolizei freiwillig stellen können. Judas, diesem Unglückswurm, hätte er so die tödlichen Gewissensbisse erspart. Aber Jesus wollte nicht sterben. Er verlor sein Leben nicht freiwillig, sondern durch nächtlichen Verrat und fremde Gewalt. Denn er hatte sich stark gemacht für eine Humanisierung der Religion und dabei die religiösen Gefühle der Rückwärtsorientierten verletzt. Das wurde ihm zum Verhängnis.

Deshalb finde ich es ziemlich daneben, wenn Jesus als „Lamm" oder gar als „Lämmlein" hingestellt wird. Mit einer solchen Verharmlosung und Verniedlichung wird der Charakter des Mannes aus Nazareth völlig verkannt. Jesus war klug, und er war schlagfertig. Er hatte den Scharfblick eines Adlers und das Herz eines Löwen. Lesen Sie doch mal das Markusevangelium, meinetwegen auch nur die ersten sieben

Kapitel! Dann werden Sie sofort merken: Jesus war ganz gewiss kein Softie oder Weichei. Sondern er war eine Kämpfernatur. Keiner Auseinandersetzung ist er aus dem Weg gegangen. Kein harmloses Lamm war er, sondern ein unbequemer Querdenker, ein theologischer Brandstifter (Lukas 12,49), ein provozierender Stein des Anstoßes. Sonst hätte er sich nicht so viele Feinde gemacht, Todfeinde eingeschlossen.

Tatsächlich wird Jesus in den ersten drei Evangelien nie und nirgends mit einem Lamm verglichen. Nur im Johannesevangelium, Kapitel 1, hören wir Johannes den Täufer sagen: „Siehe, das ist Gottes Lamm, das die Sünde der Welt wegträgt" (Vers 29; vgl. Vers 36). Aber dieser Spruch passt mehr schlecht als recht in den Zusammenhang, und im weiteren Verlauf des Evangeliums wird nie mehr Bezug darauf genommen. Das ist seltsam und verlangt nach einer Erklärung. Ich sehe hier zwei Möglichkeiten.

Möglichkeit eins: Der dubiose Spruch vom Gotteslamm gehört gar nicht zum ursprünglichen Bestand des Johannesevangeliums, sondern wurde von späterer Hand eingefügt. Und zwar im Bestreben, dieses eigenwillige Evangelium an die kirchlich-dogmatische Kette zu legen.

Möglichkeit zwei: Der Spruch ist echt. Dann sollten wir ihn beim Wort nehmen und stehen lassen als das, was er ist: nämlich keine Selbstaussage Jesu, sondern eben bloß – eine Meinung des Täufers. Aus meiner Sicht eine irrige Meinung. Denn Jesus hat die Sünde der Welt ja gar nicht weggeschafft. Sonst müsste die Welt seitdem ohne Sünde sein. Und das ist sie nun wirklich nicht.

Ich fasse zusammen: Wer mit offenen Augen die Evangelien liest, dem geht früher oder später auf, dass die meisten Passionschoräle die Botschaft Jesu verhunzen und ins schiere Gegenteil verdrehen. Denn sie transportieren ein negatives Menschenbild, ein zwielichtiges Gottesbild und ein verbogenes, verfälschtes Jesusbild.

Die biblischen Argumente für diese Beurteilung habe ich Ihnen dargelegt. Wer will, kann sie nachprüfen. Was jetzt noch folgt, ist hingegen ein Geschmacksurteil und damit subjektiv. Denn die Geschmäcker sind bekanntlich verschieden.

Wenn ein Lied ausgesprochen sentimental daherkommt, mit überbordenden Gefühlsäußerungen und einem starken Druck auf die Tränendrüsen, dann sagt der Volksmund: Das ist eine Schnulze. Nun möchte ich die Passionslieder natürlich nicht in Bausch und Bogen als Schnulzen bezeichnen. Aber manches darin ist für mein Gefühl tatsächlich schnulzig. Unerträglich schnulzig. Etwa, wenn das Leiden Jesu scham- und schonungslos ausgemalt und breitgetreten wird. Da fühle ich mich sehr unangenehm erinnert an jene Sensationslüsternheit, wie sie den Gaffern bei einem Verkehrsunfall zu Eigen ist. – Dem Neuen Testament sind solche sentimentalen Auswüchse fremd. Da wird Jesu Weg in den Tod wohltuend anders beschrieben. Nämlich schnörkellos, nüchtern und sachlich.

Vielleicht sollte ich noch Eines hinzufügen. Meine Kritik an den Passionschorälen zielt nicht auf Paul Gerhardt und die anderen Liederdichter. Das erschiene mir unsachgemäß und unfair. Paul Gerhardt hat, wie Sie wissen, auch noch ganz andere Texte gedichtet. Dass wir ihm viel verdanken, ist gar keine Frage. Andererseits sollten wir aber auch nicht vergessen: Er lebte im 17. Jahrhundert und war eben auch ein Kind seiner Zeit. Ein Kind der Barockzeit mit ihrem manchmal penetranten Gefühlsüberschwang. Und was seine Theologie anbelangt: Die entsprach dem damaligen Stand der Erkenntnis. Paul Gerhardt wusste es einfach nicht besser. Er konnte es nicht besser wissen.

Seitdem sind nun aber mehr als 300 Jahre vergangen. Während dieser Zeit ist sehr viel passiert. In der Philosophie – Stichwort „Aufklärung" – , in der Psychologie und nicht zuletzt in der Theologie. Ich finde, vor dieser ganzen Entwicklung können wir nicht die Augen verschließen, ohne in den Verdacht des Ignorantentums zu geraten. Ignoranz heißt: Ich weiß es nicht besser, weil ich es gar nicht wissen will. –

Musik öffnet die Türen zu den Tiefenschichten unserer Seele. Was wir hören oder lesen, rauscht oft an uns vorbei. Aber was wir singen, womöglich immer wieder singen, das geht unter die Haut und nistet sich ein in unserer Seele. Darum sollten wir sehr genau darauf achten, was wir singen. Manche Kirchenlieder sind Gift für die Seele. Vor allem in der Passionszeit. Denen können und dürfen wir unsere Stimme verweigern. Und zwar in Jesu Namen. Amen.

Ostern: Die Rehabilitation eines Verworfenen

Apostelgeschichte 4,5-11

An einem der Tore des Jerusalemer Tempels – so erzählt uns die Apostelgeschichte – haben Petrus und Johannes einen gelähmten Menschen geheilt. Das hat zuerst zu einem Volksauflauf und dann zur Verhaftung der beiden Apostel geführt. Sie mussten eine Nacht im Gefängnis verbringen. Und hier setzt nun der Predigttext ein, den ich für heute gewählt habe. Ich lese Apostelgeschichte 4, Vers 5-11 in eigener Übersetzung:

Am nächsten Morgen versammelten sich die führenden Männer, die Ältesten und Schriftgelehrten in Jerusalem. Auch Hannas, der Hohepriester, war dabei samt Kaiphas, Johannes und Alexander und allen, die zu den führenden Priesterkreisen gehörten. Sie ließen die Apostel vorführen und fragten sie: „Woher hattet ihr die Kraft, diesen Mann zu heilen? Oder in wessen Namen habt ihr das getan?"

Petrus, erfüllt vom Heiligen Geist, antwortete ihnen: „Ihr Anführer des Volkes und ihr Ältesten! Wenn wir heute wegen einer Wohltat an einem kranken Menschen verhört werden darüber, wodurch er gerettet worden ist, dann sollt ihr und alle Leute in Israel wissen: Er steht gesund vor euch durch die Macht des Namens ‚Jesus Christus von Nazareth'!

144

Den habt ihr gekreuzigt, Gott aber hat ihn von den Toten auferweckt. Er – Jesus – ist es, von dem gilt: ‚Der Stein, den die Bauleute – und das seid ihr! – verworfen haben, der ist zum Eckstein geworden' (Psalm 118,22)."

Gewinnen ist schön. Das wissen wir alle. Ob auf dem Fußballfeld oder auf dem Schachbrett, ob in der Schule oder im Beruf, ob am Familientisch oder vor dem Bildschirm: Das Gewinnen macht Spaß und gibt ein gutes Gefühl. Darum möchten wir so oft wie möglich Gewinner sein. Oder doch wenigstens auf der Seite der siegreichen Mannschaft stehen.

Gewinnen ist schön. Aber das Gegenteil, das gehört ebenfalls zum Leben. Das Verlieren. Das Unterliegen. Das Scheitern. Auch damit haben wir einschlägige Erfahrungen. Die Klassenarbeit, die wir in den Sand gesetzt haben. Der Geschäftsabschluss, der sich als Flopp entpuppte. Die Enttäuschungen mit den Eltern, mit dem Ehepartner, mit den Kindern. Die zurückgewiesene Bewerbung. Vielleicht auch der vergebliche Versuch, die verlorene Gesundheit wiederzuerlangen. Solche und andere Fehlschläge kennen wir auch, und nicht zu knapp.

Am schlimmsten ist es wohl, wenn uns ein geliebter Mensch weggenommen wurde. Dann stehen wir eindeutig auf der Seite der Verlierer und brauchen oft lange, bis wir über den Verlust hinwegkommen.

Napoleon, der große Eroberer, wurde bei Waterloo vernichtend geschlagen. Manchmal geht mir ein Lied im Kopf herum, darin heißt es: Jeder trifft irgendwann auf sein Waterloo.

Und Jesus? Wie war es bei dem? War er ein Gewinner oder ein Verlierer? Was für eine Frage, werden manche denken. Ein Gewinner natürlich! In den Evangelien tritt er uns vor Augen als einer, der Kranke heilt und böse Mächte vertreibt. In Streitgesprächen stopft er seinen Gegnern das Maul. Sogar den rasenden Naturgewalten gebietet er Einhalt. – Jesus ist ein Gewinner. Er gewinnt Auseinandersetzungen, weil er die besseren Argumente hat. Und er gewinnt Menschenherzen durch seine Freundlichkeit und Überzeugungskraft.

Auch Jesus kennt das Hochgefühl des Siegers. Doch daneben finden wir im Neuen Testament auch ganz andere Geschichten. Wie oft muss Jesus fliehen, um seinem ungnädigen Landesvater Herodes nicht in die Hände zu fallen? In Nazareth, seiner Heimatstadt, kann er niemand helfen, weil ihn die Leute von klein auf kennen und ihm darum nichts Besonderes zutrauen (Markus 6,1-6). Und in Jerusalem wird er schließlich verhaftet und auf schändliche Weise hingerichtet.

Wir sind in der Regel schnell bereit zu sagen: Das hat er ja schließlich so gewollt. Jesus wollte am Kreuz sterben, weil er uns nur so von unseren Sünden erlösen konnte. Er hat stellvertretend die Strafe auf sich genommen, die gerechterweise uns hätte treffen müssen. Und so hat er unsere Schuld gesühnt.

Diese Sicht der Dinge wird uns vor allem in den Passionschorälen nahegelegt. Und sie kann sich auf eine ganze Reihe von Bibelstellen berufen. Aber es ist keineswegs die einzige Sicht, die uns das Neue Testament anbietet.

Lukas zum Beispiel sieht das Kreuz anders. In seinem Evangelium vermeidet er den Sühnegedanken, wo immer er kann. Er zeigt uns Jesus als einen, der die Vollmacht hat, Sünden so zu vergeben, dass keine stellvertretende Bestrafung stattfindet. Das wird etwa deutlich in der Bitte des Vaterunsers, die bei Lukas so lautet: Vergib uns unsere Sünden, denn auch wir vergeben allen, die an uns schuldig werden (Lukas 11,4). Es wird deutlich im Gleichnis von den beiden ungleichen Schuldnern, denen die Schuld ganz einfach erlassen wird (Lukas 7,40-43). Und es wird vor allem deutlich im Gleichnis vom verlorenen Sohn.

Sie kennen die Geschichte: Der Vater freut sich über die Rückkehr seines Sohnes so sehr, dass er ihm entgegenläuft, ihn in die Arme schließt und ein Fest feiern lässt. Kein Gedanke daran, dass jetzt irgendwer ersatzweise bestraft werden müsste für das, was im Leben des Sohnes schief gegangen ist! Und wenn Gott wirklich so ist wie der Vater in diesem Gleichnis, dann hegt er beim Vergeben ebenfalls keine Hintergedanken

Lukas hat zu seinem Evangelium eine Fortsetzung geschrieben, die Apostelgeschichte. Und auch da wird der Tod Jesu nicht als stellvertretendes Strafleiden gedeutet. Sondern in den Missionspredigten der Apostel heißt es – ähnlich wie in unserem Predigttext – immer wieder: Ihr, die Oberpriester und Schriftgelehrten Israels, ihr habt Jesus gekreuzigt; Gott aber hat ihn auferweckt. Das klingt ganz ähnlich wie der Ausspruch Josefs, den wir in der Schriftlesung gehört haben: „Ihr gedachtet es böse mit mir zu machen, aber Gott gedachte es gut zu machen (Genesis 50,20a)."

Freilich: Andere neutestamentliche Zeugen sind durchaus der Meinung, Jesus sei als Sühneopfer für unsere Sünden gestorben. Wenn Ihnen diese Sichtweise überzeugend erscheint und wenn Sie Ihnen gut tut, dann habe ich nicht den Ehrgeiz, Sie davon abbringen zu wollen. Man kann das vom Neuen Testament her wirklich so sehen.

Aber das Lukas-Evangelium und die Apostelgeschichte zeigen: Man kann es auch anders sehen. Und ich muss sagen: Ich für meine Person bin froh, dass auch diese andere Sicht von Kreuz und Auferstehung im Neuen Testament bezeugt ist und zu ihrem Recht kommt. Denn die Deutung des Kreuzes als gottgewolltes Strafleiden ist mir schon lange nicht mehr geheuer.

Jesus war überzeugt: Gott erwartet von uns, dass wir „siebzigmal siebenmal" vergeben (Matthäus 18,22), soll heißen grenzenlos – und ohne unseren vielleicht berechtigten Zorn anderswo herauszulassen. Sollen wir nun annehmen, dass Gott von uns schwachen Menschen mehr erwartet als von sich selbst? Das erscheint mir doch reichlich widersinnig.

Manchmal wird mir in dem Zusammenhang die Frage gestellt: Wenn du den Tod Jesu nicht als Sühnetod betrachtest – willst du damit das „Ärgernis des Kreuzes" aus der Welt schaffen, von dem Paulus redet (Galater 5,11; 1.Ko-rinther 2,23)?" Darauf antworte ich: Nein, im Gegenteil! Das Ärgerliche und Irritierende am Kreuzestod Jesu tritt dann erst wieder in seiner ganzen Schärfe hervor.

Denn Jesus hat ja zum Glauben eingeladen. Das heißt, er hat die Menschen aufgefordert, ihr Vertrauen auf Gott zu setzen. Dass Gott sich uns gegenüber wie ein liebevoller Vater verhält, dass er die Verlässlichkeit in Person ist, das hat Jesus in Wort und Tat verkündet. Darauf hat er sein Leben gebaut. Und nun stirbt er einen grausamen, abscheulichen Tod – und Gott greift nicht ein! Das ist unfassbar. Wie kann Gott den, der sich ganz und gar auf ihn verlassen hat, nun, wo es hart auf hart kommt, im Stich lassen?

So gesehen ist das Kreuz auf Golgatha der Brennpunkt eines ganzen Bündels von Fragen, die uralt sind und immer wieder aufbrechen, wo Menschen ins Leiden gestoßen werden. Wie kann Gott das zulassen? All das Unheil, das auf der Erde geschieht: Vulkanausbrüche. Erdbeben. Flutkatastrophen. Folterung und blutige Unterdrückung in vielen Ländern. Krieg, Vertreibung, Hunger und Elend.

Wie kann Gott das zulassen? Den schrecklichen Verkehrsunfall. Den Tod eines jungen Familienvaters. Die bösartige Erkrankung eines geliebten Menschen. Will Gott manchmal nicht helfen? Oder gibt es Situationen, wo er gar nicht helfen kann?

Man kann solche dunklen Erfahrungen nicht wegdiskutieren. Schwarz und sperrend schieben sie sich immer wieder einmal in die Lebensbahn. Auch bei Menschen, die an Gott glauben und mit ganzem Herzen Christen sein wollen.

„Mein Gott, mein Gott, warum hast du mich verlassen? Warum hörst du nicht, wie ich schreie, warum bist du so fern? Tag und Nacht rufe ich um Hilfe, doch du antwortest nicht, und so finde ich keine Ruhe." Mit diesen Worten beginnt der 22. Psalm, den Jesus am Kreuz gebetet hat. Es sind Worte der äußersten Verzweiflung. Wenn man sie ernst nimmt – und ich meine, das sollten wir tun –, dann ist das Kreuz Jesu der Brennpunkt aller bitteren Erfahrungen mit Gott. Dann erhebt sich das Kreuz wie ein großes, hässliches Fragezeichen hinter allem, was Jesus gesagt und getan hat. Ein großes, hässliches Fragezeichen hinter seinem Versprechen, dass Gott und sein Friedensreich ganz nahe sind. Ein großes, hässliches Fragezeichen auch hinter dem Bild des väterlichen, des menschenfreundlichen Gottes, für dessen Wahrheit Jesus eingetreten ist.

„Mein Gott, mein Gott, warum hast du mich verlassen?" Auf diese Frage gibt es keine befriedigende Antwort. Zumindest nicht auf der Ebene des Verstandes. Wer je selbst etwas Ähnliches erlebt hat, der weiß: Alle Sätze, die mit „weil" anfangen, helfen hier nicht weiter. Sie machen das Ganze nur noch schlimmer. Sie können nicht heraushelfen aus der Not der Gottesfinsternis.

Wenn hier überhaupt etwas helfen kann, dann dies, dass einer kommt und sagt: „Du bist nicht allein. Ich bin bei dir. Und ich kann dich verstehen. Es ist schlimm, was du durchmachen musst, und das umso mehr, als kein Sinn darin zu entdecken ist. Doch glaube mir: Der finstere Tunnel, in dem du dich mühsam und unter Schmerzen vorantastest, das ist nicht die Endstation. Es gibt ein Danach. Einmal endet der Tunnel und dann stehst du wieder im Licht."

Es tut gut, wenn ein Mensch so mit uns redet. Und es tut gut, wenn Jesus so mit uns redet. Er kann uns wahrhaftig Mut zusprechen, wo nach menschlichem Ermessen alles zu spät ist. Denn er hat das selber durchgemacht. Die Schmerzen, die Verlassenheit, die Ausweglosigkeit bis hin zum bitteren Ende. Doch das Ende war nicht das Ende. Gott hat ihn, den Gekreuzigten, in ein neuartiges Leben jenseits der Todesgrenze gerufen. Ein Leben, das niemand mehr zerstören kann.

Wie man sich jenes andersartige Leben vorstellen soll, das werden wir wohl erst dann erfahren, wenn wir selber einmal die Todesgrenze überschreiten. Wichtig aber ist dies: Der, der allem Anschein nach am Kreuz gescheitert und in Gottverlassenheit zugrunde gegangen ist – gerade den hat Gott an Ostern rehabilitiert und „vor aller Augen beglaubigt" (Apostelgeschichte 17,31). Durch die Auferweckung bekennt sich Gott nachträglich nun doch zu Jesus. Zu diesem Jesus, den die konservativen Religionshüter seiner Zeit als Gotteslästerer verurteilt haben.

Und das heißt: Jesus hatte eben doch Recht mit seinem oft so anstößigen Reden und Handeln! Er hatte Recht mit seinem Anspruch, Gott besser zu kennen als die frommen Pharisäer, besser auch als die bibeltreuen Schriftgelehrten. Jesus hatte Recht, wenn er das heilige Gottesgesetz dem Wohl des Menschen unterordnete (Markus 2,23-3,6). Er hatte Recht, wenn er sich mit den Verlorenen an einen Tisch setzte. Er hatte Recht, wenn er die Belasteten im Namen Gottes freisprach von ihrer Schuld. Er, der augenscheinliche Verlierer, ist am Ende doch Sieger geblieben.

So ist wahr geworden, was in Psalm 118 (Vers 22) geschrieben steht: „Der Stein, den die Bauleute verworfen haben, der ist zum Eckstein geworden." Der griechische Text redet hier eigentlich vom Schlussstein in der Mitte eines Mauerbogens, der das ganze Gewölbe erst zusammenhält und tragfähig macht. Den darf man auf keinen Fall wegnehmen. Sonst bricht das ganze Gewölbe in sich zusammen.

An Ostern hat Gott deutlich gemacht: Dieser tragende, unentbehrliche Schlussstein heißt Jesus. Und es spielt keine Rolle, dass die maßgeblichen religiösen Führungskräfte ihn damals verworfen haben, weggeworfen wie einen schlechten Stein, der zu nichts zu gebrauchen ist. Menschen können sich irren. Auch in dem, was sie ablehnen. In den Augen Gottes hat Jesus Recht behalten und ist Sieger geblieben. Das ist der Kern der Osterbotschaft. „Des solln wir alle froh sein, Christ will unser Trost sein." Auch und gerade dann, wenn es uns mal wieder herzlich schlecht geht. Wenn wir uns wie Verlierer fühlen. Wenn wir nicht mehr sehen, wie es weitergehen soll. Jesus ist Sieger! Und mit ihm werden am Ende auch wir auf der Siegerseite stehen.

Die Ausstrahlung der Christen

2. Korinther 3,13-18

Der Apostel Paulus schreibt an die Christen in Korinth:

Ich brauche es nicht wie Mose zu machen, der sein Gesicht mit einem Tuch bedeckt hat, damit die Israeliten nicht merken sollten, dass das Leuchten wieder verschwand (vgl. Exodus/2.Mose 34,28-35). Ja, es ist, als wären sie mit Blindheit geschlagen..., als läge über ihrem Herzen und Verstand bis heute so eine Decke, wenn sie das Gesetz des Mose lesen. Und die kann nur verschwinden, wenn sie sich dem Herrn zuwenden. Der Herr aber, von dem hier die Rede ist, heißt Jesus Christus und wirkt durch seinen Geist. Und wo der Geist dieses Herrn ist, da ist Freiheit.

Wir alle, die wir Christen sind, fangen das Leuchten und Strahlen des Herrn auf, mit unverhülltem Gesicht, wie in einem Spiegel, und geben es weiter, und werden dabei mehr und mehr in sein Ebenbild verwandelt. Wie könnte es auch anders sein, wo doch der Geist Jesu Christi in uns lebt und an uns wirkt.[1]

Es gibt Menschen mit einer negativen, unguten Ausstrahlung, und ich schätze, dass wir alle schon solchen Zeitgenossen begegnet sind. Irgendwie fühlt man sich unbehaglich, wenn sie in der Nähe sind, und geht ihnen möglichst aus dem Weg. Vielleicht, weil man bei ihnen immer mit irgend-

---

[1] Übersetzung von mir

welchen Sticheleien rechnen muss – oder damit, dass sie plötzlich ausrasten und zu schreien anfangen. Oder weil sie alles persönlich nehmen und sofort beleidigt sind. Oder weil sie oft so ein abweisendes Gesicht machen und um sich herum eine frostige Atmosphäre verbreiten, viel kälter als ein Wintertag auf der Schwäbischen Alb.

Zum Glück gibt es aber auch Menschen mit einer positiven, wohltuenden Ausstrahlung. Menschen mit klaren, gütigen Augen. Sie haben eine eigene Meinung und stehen dazu, aber sie tun es freundlich und unaufdringlich. Sie können zuhören und zeigen Verständnis. Solche Menschen sind wie ein Kachelofen an einem kalten Wintertag. Sie strahlen Wärme und Behaglichkeit aus, und man fühlt sich einfach wohl in ihrer Nähe. Man merkt ihnen an, dass sie den inneren Frieden gefunden haben, und weil sie gut mit sich selbst umgehen, sind sie auch gut zu ihrer Umgebung.

Wie war das doch gleich, was wir da gerade von Paulus gehört haben? Wir Christen seien ausnahmslos Menschen mit so einer positiven Ausstrahlung? Und das könne auch gar nicht anders sein, weil ja der Geist Jesu Christi in uns wohnt? Hm. In der Theorie klingt das ja einleuchtend. Aber von der Theorie zur Praxis ist es manchmal ein weiter Weg. Wie es theoretisch sein sollte und wie es dann tatsächlich ist, das kann ganz schön auseinanderklaffen.

Gewiss, es gibt Christen mit einer wohltuenden Ausstrahlung, und es gibt sie bei allen theologischen Richtungen. Aber mir sind auch schon eine ganze Reihe von Nichtchristen begegnet, die eine starke positive Ausstrahlung hatten. Am eindrucksvollsten vielleicht der Dalai Lama, das Oberhaupt des tibetischen Buddhismus. Dann einige Menschen, die eine eher lockere Beziehung zur Kirche hatten oder sich vielleicht sogar als Atheisten betrachteten. Und schließlich der jüdische Gelehrte Schalom Ben-Chorin, den ich einmal bei einem Vortrag erlebt habe. Er ist ein Schüler des großen jüdischen Philosophen Martin Buber, und ich nehme an, dass auch der eine ausgesprochen positive Ausstrahlung gehabt hat.

Mir ist klar, dass sich das jetzt nicht so gut verträgt mit der Sichtweise des Paulus. Er war ja ganz offensichtlich der Überzeugung, dass alle Juden, die sich nicht zum christlichen Glauben bekehren, mit Blindheit geschlagen sind, also keinen Durchblick haben und schon gar keine positive Ausstrahlung.

Aber wenn es um Israel und seine Religion geht, dürfen wir von Paulus keine Objektivität erwarten. Mit den offiziellen Vertretern dieser Religion hat er seinerzeit sehr böse Erfahrungen gemacht, kränkende Erfahrungen, verletzende Erfahrungen. Wir wissen heute, dass solche Erfahrungen in der Regel wie Scheuklappen wirken. Sie verengen das Gesichtsfeld, und manchmal verzerren sie es auch.

Wie gesagt, ich habe Nichtchristen kennengelernt, bei denen ich beeindruckt war von ihrer klaren, warmen Ausstrahlung. Umgekehrt sind mir nun aber auch eine ganze Anzahl von Menschen begegnet, die zwar mit Ernst Christen sein wollten, aber doch herzlich wenig Klärendes, Wärmendes oder Befreiendes ausgestrahlt haben. Hinter einer mehr oder weniger frommen Fassade waren sie unehrlich, wichtigtuerisch, machtgierig, intolerant und manchmal sogar hinterhältig.

Vom Geist Jesu Christi habe ich wenig oder nichts bei ihnen gespürt.

Ich muss gestehen, dass mir diese Worte nur zögernd von der Zunge gehen. Was ich bei anderen vermisse, was mich bei ihnen stört – wie steht es damit denn bei mir selbst? Wie wirke ich denn auf meine Umgebung? Mit Sicherheit auch nicht immer so, wie ich es gerne hätte.

Mir ist bewusst, dass ich seit jeher zu denen gehöre, die das Leben eher zu schwer als zu leicht nehmen. Sicher, ich kann gelegentlich auch lachen und fröhlich sein. Wenn man erholt und ausgeschlafen ist, ist das ja auch keine Kunst, hat mal jemand gesagt. Aber wenn ich müde und gestresst bin, hat mein Gesicht eine fatale Tendenz, sich in die Länge zu ziehen und die Mundwinkel melancholisch nach unten hängen zu lassen. Das sieht dann gar nicht gut aus. Und manchmal merke ich es erst, wenn meine Frau mich darauf aufmerksam macht.

Nein, so leid es mir tut: ich bin kein Strahlemann oder Sunnyboy. Eher so etwas wie ein Halbschattengewächs. Und es gibt Tage, da habe ich echt zu kämpfen, dass ich einigermaßen zurechtkomme mit dem Leben und mit den Leuten um mich herum. Und dann lese ich bei Paulus: Wir alle, die wir Christen sind, fangen das Leuchten und Strahlen des Herrn auf, mit unverhülltem Gesicht, wie in einem Spiegel, und geben es weiter, und werden dabei mehr und mehr in sein Ebenbild verwandelt.

Ist das nun eine Ermutigung, oder ist es eher eine Entmutigung? Muss ich, müssen wir nicht zugeben, dass wir von diesem Ideal meilenweit entfernt sind? Wie es aussieht, haben wir doch gar keine Chance, jemals solche leuchtenden Vorbilder, solche strahlenden Musterchristen zu werden. Was sollen wir also tun? Resignieren? Verzweifeln?

Nein. Mit Sicherheit nicht. Wir brauchen uns ja nur mal die Gemeinde in Korinth anzuschauen, an die Paulus seine Worte zunächst einmal gerichtet hat. Das war ja eine ausgesprochene Problemgemeinde. Von Musterchristen keine Spur! Da gab es erhebliche Unstimmigkeiten in Ehe und Familie, da wurde sogar die Auferstehungshoffnung angezweifelt, und anständig miteinander Abendmahl feiern konnten sie auch nicht. Zu allem Überfluss gärten auch noch höchst unerquickliche Streitereien zwischen verschiedenen kirchlichen Gruppierungen.

Und doch muss diese Gemeinde in Korinth etwas gehabt haben, was sie wohltuend von ihrer Umgebung unterschieden hat. Ein gewisses Etwas, das sie attraktiv gemacht hat. Paulus nennt dieses Etwas den Geist Jesu Christi. Was er genau damit gemeint hat, darüber kann man lange und gelehrte Diskussionen führen. Aber für den Hausgebrauch sage ich jetzt einfach einmal: Der Geist Jesu Christi ist so etwas wie eine innere Stimme, die sich an Jesus Christus orientiert. An seiner Person, an seiner Botschaft. Was hat diese innere Stimme den Christen in Korinth gesagt, und was sagt sie uns?

Ohne Anspruch auf Vollständigkeit nenne ich fünf Punkte, die mir hier und heute besonders wichtig erscheinen. Jesus Christus, der als lebendiger Geist in uns wohnt, sagt zu dir und zu mir:

- Du bist angenommen.

- Du bist geliebt.

- Du bist frei.

- Du kannst dich ändern.

- Du wirst gebraucht.

Lassen Sie mich diese fünf Punkte ein wenig entfalten.

Erstens: Du bist angenommen. Gott akzeptiert dich so, wie du bist. Mit deinen Stärken und Schwächen, mit deinen Erfolgen und Misserfolgen, mit deinen guten und schlechten Tagen. Auch mit deiner Vergangenheit, die dich manchmal belastet. Gott nimmt dich an mit deinen Wünschen und Sehnsüchten, auch mit denen, die du deiner Umgebung verheimlichen musst. Er nimmt dich an mit deiner Trauer und gegebenenfalls auch mit der mörderischen Wut, die seit deinen Kindertagen tief unten auf dem Meeresgrund deiner Seele liegt. Sie ist wie ein böser, verwunschener Drache, und der sagt und tut manchmal wirklich schreckliche Dinge, wenn er dann doch einmal hochsteigt und an die Oberfläche kommt. –

Gott nimmt dich so an, wie du es von deiner Mutter und deinem Vater gebraucht hättest, als du noch klein warst. Ohne Wenn und Aber. Ohne Fragen, die dich in die Enge treiben. Ohne erdrückende Bevormundung. Bei ihm kannst du sicher sein, dass er dich nicht fallen lässt, wenn dir ein Fehler oder

Missgeschick passiert. Seine Arme sind weit ausgebreitet. Du findest Zuflucht und Geborgenheit darin.

Zweitens: Du bist geliebt. Die unbegreifliche Macht, die letztlich hinter allen Dingen steht, meint es gut mit dir. Sie hat dich ins Leben gerufen. Sie hilft dir, wenn du sie um Hilfe bittest, und manchmal auch schon, bevor es dir überhaupt in den Sinn kommt, um Hilfe zu bitten. Sie greift lenkend in dein Leben ein, meist heimlich und verborgen, doch bisweilen auch so massiv, dass du nur noch staunen kannst, vielleicht sogar ein bisschen erschrickst. Und sie wird dich aufnehmen, wenn du dieses Erdenleben hinter dir lässt und dahin zurückkehrst, woher du gekommen bist.

Drittens: Du bist frei. Frei von deiner Schuld. Wenn du Fehler machst, ist das keine Katastrophe, sondern eine Chance, etwas daraus zu lernen.

Du bist frei. Frei von dem, was andere sagen, tun oder meinen. Natürlich nicht ganz frei, aber mehr, als du denkst. Probiere es aus, und du wirst wahrscheinlich merken, dass du noch einen Schritt weiter gehen kannst.

Du bist frei. Frei auch von dieser Ängstlichkeit, die sich bei der Bibel an jeden Buchstaben klammern möchte. Der Buchstabe tötet, sagt Paulus. Aber der Geist macht lebendig (2.Korinther 3,6). Du kannst alles prüfen, auch biblische Worte und Geschichten, ob sie dem Geist Jesu Christi entsprechen, dem Geist der Liebe und der Freiheit. Und dann kannst du mit gutem Gewissen tun, was dir unter den gegebenen Umständen vernünftig und geboten erscheint.

Viertens: Du kannst dich ändern. Vielleicht gibt es bessere Möglichkeiten, wie du mit dem Leben, mit dir selbst und deiner Umgebung zurechtkommen kannst. Niemand hat das Recht, dich auf deine Vergangenheit festzunageln. Du kannst neuartige Schritte wagen und neue Wege erproben. Der Erfolg wird sich dabei nicht von heute auf morgen einstellen. Du wirst viel Geduld brauchen, möglicherweise auch die Hilfe eines guten Seelsorgers oder einer psychologischen Beraterin. Aber die Chancen sind besser, als du vielleicht annimmst. Die Chancen, dass dein Leben leichter wird, fröhlicher wird, farbiger wird.

Und schließlich fünftens: Du wirst gebraucht. Von deiner Familie und von deinen Freunden. In deinem Beruf und da, wo du ehrenamtlich dabei bist. Das Reich Gottes ist eine Großbaustelle, wo es für jeden einen Platz und eine Aufgabe gibt. Wenn deine Hände zu schwach sind, kannst du immer noch zuhören und mitfühlen. Wenn es um dich herum einsam geworden ist, kannst du immer noch beten für die Menschen, die dir etwas bedeuten. Und das Beten ist genauso wichtig wie das Arbeiten. Manchmal bewirkt es sogar mehr als alles Arbeiten. Das ist keine Theorie, sondern eine Erfahrung.

So ungefähr klingt das, was ich vernehme, wenn ich nach innen horche und Kontakt aufnehme mit dem Geist Jesu Christi, der in uns allen lebendig ist. Seine Stimme ist leise und unaufdringlich. Im Getöse unserer lauten und hektischen Zeit kann sie leicht untergehen oder übertönt werden. Aber wenn wir es wieder lernen könnten, auf diese innere Stimme zu hören, dann müsste es seltsam zugehen, wenn das nicht irgendwann auch Auswirkungen auf unsere Ausstrahlung hätte.

Es ist schon eine seltsame Geschichte mit dieser Ausstrahlung. Manchmal merken die Leute um uns herum mehr davon als wir selbst. Das ist mir an Dietrich Bon-hoeffer aufgegangen. Er gehörte zu den wenigen Christen, die den Wahnsinn des Dritten Reiches von Anfang an durchschaut haben. Im vollen Bewusstsein des Risikos hat er sich dem aktiven Widerstand gegen Hitler angeschlossen. Die Sache flog auf, und Bonhoeffer wurde eingesperrt. Im Gefängnis schrieb er 1944 ein Gedicht, das die Überschrift trägt: „Wer bin ich?" [1]

„Wer bin ich? Sie sagen mir oft,
ich träte aus meiner Zelle
gelassen und heiter und fest
wie ein Gutsherr aus seinem Schloss.

Wer bin ich? Sie sagen mir oft,
ich spräche mit meinen Bewachern
frei und freundlich und klar,
als hätte ich zu gebieten.

Wer bin ich? Sie sagen mir auch,
ich trüge die Tage des Unglücks
gleichmütig, lächelnd und stolz,
wie einer, der Siegen gewohnt ist."

---

1 Dietrich Bonhoeffer, Widerstand und Ergebung, © 1998 Gütersloher Verlagshaus, Gütersloh, in der Verlagsgruppe Random House GmbH

Und dann geht es mit einem jähen Wechsel in Tonfall und Rhythmus weiter:

„Bin ich das wirklich, was andere von mir sagen?
Oder bin ich nur das, was ich selbst von mir weiß?
Unruhig, sehnsüchtig, krank, wie ein Vogel im Käfig,
ringend nach Lebensatem, als würgte mir einer die Kehle,
hungernd nach Farben, nach Blumen, nach Vogelstimmen,
dürstend nach guten Worten, nach menschlicher Nähe,
zitternd vor Zorn über Willkür und kleinlichste Kränkung,
umgetrieben vom Warten auf große Dinge,
ohnmächtig bangend um Freunde in endloser Ferne,
müde und leer zum Beten, zum Denken, zum Schaffen..."

Das Gedicht geht noch weiter; ich kann es hier nicht ganz wiedergeben. Es endet mit den Worten:

„Wer bin ich? Einsames Fragen treibt mit mir Spott.
Wer ich auch bin – du kennst mich, dein bin ich, o Gott."

Ich bin kein Dietrich Bonhoeffer. Aber dieses Wort möchte ich mir zu Eigen machen: Wer ich auch bin – du kennst mich, dein bin ich, o Gott.

Gott ist Licht – und lässt die Dunkelheit leben

Erzählpredigt zu 1.Johannes 1,5-10

Es war Susannes Idee gewesen, gemeinsam den 1.Johannesbrief durchzunehmen. Nun saßen sie zu viert um den Tisch herum, vor sich die aufgeschlagene Bibel. „Wir beginnen heute Abend bei Kapitel 1, Vers 5", sagte Susanne und fing an zu lesen:

„Das ist die Botschaft, die wir von Jesus gehört haben und euch verkündigen: Gott ist Licht, und in ihm ist keine Finsternis.

Wenn wir sagen, dass wir Gemeinschaft mit ihm haben, und wandeln in der Finsternis, so lügen wir und tun nicht die Wahrheit. Wenn wir aber im Licht wandeln, wie er im Licht ist, so haben wir Gemeinschaft untereinander, und das Blut Jesu, seines Sohnes, macht uns rein von aller Sünde.

Wenn wir sagen, wir haben keine Sünde, so betrügen wir uns selbst, und die Wahrheit ist nicht in uns. Wenn wir aber unsere Sünden bekennen, so ist er treu und gerecht, dass er uns die Sünden vergibt und reinigt uns von aller Ungerechtigkeit.

Wenn wir sagen, wir haben nicht gesündigt, so machen wir ihn zum Lügner, und sein Wort ist nicht in uns."

Susanne lehnte sich zurück und schaute fragend in die Runde. „Versteht ihr, was das heißen soll?"

„Ich glaub, ich hab nur die Hälfte verstanden", erwiderte Stefan. „Aber so viel ist klar: Jeder Mensch macht Fehler. Wenn wir sagen, wir machen keine, dann machen wir uns selbst etwas vor."

„Im Prinzip hast du Recht", meinte Daniel. „Aber wenn dann wirklich mal was danebengegangen ist, will es keiner gewesen sein. Dann schiebt man die Schuld ganz schnell von sich weg und irgendwelchen Anderen in die Schuhe.

„Wundert dich das?", fragte Eva. „Nimm mal an, du hast eine große Dummheit gemacht. Geld unterschlagen oder so etwas. Und nun kommt die Sache heraus. Weißt du, was jetzt passiert? Du fliegst. Aber das ist noch nicht alles. Wenn es die Presse erfährt, fällt sie über dich her. Und dann bist du erledigt. Man tuschelt hinter vorgehaltener Hand über dich. Deine Nachbarn grüßen dich nicht mehr.

Vielleicht kannst du die Sache ja wieder in Ordnung bringen. Aber das nützt dir nichts. Denn unsere sogenannte Öffentlichkeit kennt keine Gnade. Vergebung ist da ein Fremdwort."

Daniel nickte zustimmend. „Genau so ist es. Jeder macht Fehler und weiß das auch. Aber wer sich dabei erwischen lässt – auweia! Der hat nichts zu lachen. Deshalb bin ich auch gar nicht sicher, ob das ein guter Tipp ist, unsere Sünden bekennen, wie es hier heißt."

„Ich finde, das kommt drauf an", schaltete sich Susanne ein. „Bei Menschen wäre ich da auch vorsichtig. Aber bei Gott ist das doch etwas Anderes. Dem müssen wir nichts vormachen. Können wir ja auch gar nicht. Der weiß doch, was mit uns los ist. Aber er macht uns nicht fertig deswegen. Hier in Vers 9 heißt es: *Gott vergibt uns die Sünden und reinigt uns von aller Ungerechtigkeit.*"

Eva kaute auf ihrer Unterlippe herum. Irgendwie schien ihr die Sache nicht so recht zu gefallen. „Und was glaubst du, wie lange das vorhält, diese Reinigung?", fragte sie schließlich. Die Ironie in ihrer Stimme war nicht zu überhören.

Susanne warf ihr einen unsicheren Blick zu. „Was soll das heißen: Wie lange? Wo liegt da das Problem für dich?"

„Ja findest du denn wirklich, dass wir gerecht sind?", fragte Eva zurück. Ihre Augen funkelten angriffslustig. „Schaffst du das, ich meine, so richtig gerecht zu sein? Auch nur einen Tag lang? Kein böses Wort, kein giftiger Gedanke? Dann kann ich nur sagen: Gratuliere! Bei mir funktioniert das jedenfalls nicht."

„Ich kann mir nicht vorstellen, dass das überhaupt bei jemand funktioniert", bemerkte Daniel. „Aber darum geht es doch gar nicht. Eine Wohnung zum Beispiel muss auch jede Woche wieder neu geputzt werden. Na und? Willst du daraus den Schluss ziehen: Ich verschenk meinen Staubsauger, weil's je doch keinen Wert hat? Oder ein anderes Beispiel: Willst du dich nicht mehr unter die Dusche stellen, weil das auch nur ein oder zwei Tage vorhält?"

„Wenn du schon mit der Dusche anfängst", gab Eva patzig zurück, „dann ist das in dem Fall wohl eine, aus der das Blut herausläuft. – Jetzt schau mich nicht so komisch an! Hier steht's doch: *Das Blut Jesu macht uns rein von aller Sünde.*"

Stefan merkte, wie Susanne bei diesen Worten zusammenzuckte, und versuchte die Wogen zu glätten. „Also jetzt mal langsam", warf er ein. „Wir wissen doch alle, dass das mit dem Blut Jesu symbolisch gemeint ist."

„Ich versteh's aber trotzdem nicht", beharrte Eva. „Neulich, als ich Nasenbluten hatte, musste ich danach meine Bluse in die chemische Reinigung bringen. Damit will ich sagen: Blut reinigt kein bisschen! Im Gegenteil, es macht selber Flecken. Und was für welche!"

„Da hast du natürlich Recht", meinte Daniel besänftigend. „Aber nun überleg doch mal, was das für eine Zeit war, als dieser Bibeltext geschrieben wurde. Damals war das eben noch so, dass die Leute ein Tier geopfert haben, wenn sie eine Schuld vor Gott ausgleichen wollten. Das Opferblut wäscht die Schuld ab, konnte man damals bildhaft sagen. Das Urchristentum hat diese Vorstellung dann aufgegriffen und auf Jesus übertragen."

„Weil Jesus für uns gestorben ist, rechnet Gott uns unsere Schuld nicht an", ergänzte Susanne. „Ist das denn so schwierig?"

Doch Eva blieb hartnäckig. „Also gut, die frühen Christen haben das auf Jesus übertragen. Diese Vorstellung, dass Opferblut Vergebung bewirkt. Aber ich lebe nicht damals, sondern heute. Es tut mir leid, aber ich kann mit dieser Vorstellung einfach nichts anfangen."

Eine Weile war es ganz still im Raum. Dann brach Susanne das Schweigen. „Sag mal, Eva, glaubst du überhaupt, dass Jesus dich erlöst hat?"

Einen Augenblick lang hielten Daniel und Stefan den Atem an. Diese Frage kam ihnen doch ein bisschen sehr direkt vor. Doch Eva ließ sich nicht aus der Ruhe bringen. „Stell dir vor, das glaub ich tatsächlich. Aber das hängt für mich nicht mit dem Kreuz zusammen. Das Kreuz hat für mich nichts Erlösendes. Befreiend, ja erlösend finde ich das, was Jesus gesagt und getan hat. Der lebendige Jesus. Nicht der, der tot am Kreuz hängt."

„Vielleicht hast du gar nicht so unrecht", meinte Stefan nachdenklich. „Jesus hat ja einer ganzen Reihe von Leuten ihre Schuld vergeben. Und dabei war kein Blut im Spiel. Vielleicht war das gerade das Neue und Befreiende an seiner Botschaft, dass er sagte: Gott will und braucht kein Opferblut, um zu vergeben. Sondern er spricht euch frei von eurer Schuld, weil er euch kennt und versteht. Ja, und weil er euch lieb hat. So, wie Eltern, wenn sie in Ordnung sind, ihre Kinder lieb haben."

Susanne legte die Stirn in Falten. Doch dann hellten sich ihre Züge auf. „Das würde gut zum Anfang unseres Textes passen", lenkte sie ein. *„Gott ist Licht, und in ihm ist keine Finsternis.* – Bei Gott ist alles hell und klar und verlässlich. Da gibt es nichts Bedrohliches, keine finsteren Geheimnisse, die uns Angst machen müssten."

„Schön wär's", versetzte Daniel. „Aber siehst du, gerade mit diesem Satz habe ich meine Schwierigkeiten. Gott ist Licht, und in ihm ist keine Finsternis – müsste die Welt nicht ganz anders aussehen, wenn das wahr wäre? Ich muss da immer an meinen Nachbarn denken. Ein netter, umgänglicher Mensch. Ein tüchtiger Handwerker war er und ein guter Familienvater. Und ausgerechnet der muss eines Tages vom Gerüst fallen und sich drei Rückenwirbel brechen. Seit diesem Unglückstag ist er an den Rollstuhl gefesselt. Gelähmt und hilflos. Und jeden Tag die Schmerzen... Ich möchte schon gern wissen: Hat Gott ihn vom Gerüst geworfen? Das wäre doch eine entsetzliche Vorstellung. Oder war es der Teufel, und Gott hat tatenlos zugesehen? Das wäre auch nicht besser."

„Es könnte auch die Strafe für irgendeine verborgene Schuld gewesen sein", überlegte Susanne laut.

Aber Eva schüttelte energisch den Kopf. „Bei so einem Unglück sollten wir uns lieber zurückhalten mit den Deutungen. Vor allem, wenn wir nicht selber die Betroffenen sind. Naseweise Erklärungsversuche sind so ziemlich das Letzte, was hier angebracht ist."

„Im Alten Testament heißt es aber", gab Stefan zu bedenken, „dass *alles* von Gott kommt, Glück und Unglück, Leben und Tod, Gutes wie Böses, die Finsternis ebenso wie das Licht.[1] – Findet ihr, dass das ganz verkehrt ist?"

---

[1] Vgl. z.B. Hiob 2,10; Jesaja 45,7; Amos 3,6; Sirach 11,14

Daniel legte die Stirn in Falten, wie immer, wenn er an einer heiklen Frage herumdachte. „Ich fürchte", sagte er schließlich, „wir wollen hier eine Nuss knacken, an der wir uns die Zähne ausbeißen müssen. Die Schwierigkeiten, die sich hier auftürmen, sind einfach zu groß für unseren Verstand. Das fängt schon damit an, dass wir gar nicht richtig sagen können, was das ist: das Licht und die Finsternis, das Gute und das Böse."

„Also das leuchtet mir jetzt überhaupt nicht ein", widersprach Susanne. „Ich finde, bei vielen Sachen wissen wir ganz genau, ob sie gut sind oder schlecht. Wenn ich zum Beispiel Musik höre, dann tut mir das gut, und dann ist das auch gut. Und wenn ich Zahnschmerzen habe, dann ist das eindeutig eine böse Sache."

„Nicht so eindeutig, wie du meinst", entgegnete Daniel. „Sicher, Zahnschmerzen können ekelhaft sein und dich fast verrückt machen. Aber sie sagen dir auch klipp und klar, dass du den längst fälligen Besuch beim Zahnarzt nicht mehr hinausschieben darfst. Dass unser Körper mit diesem Warnsystem ausgestattet ist, ist doch eine gute Sache, oder? – Und was die Musik angeht: Klar ist sie etwas Schönes. Aber wenn du stundenlang vor der Stereo-Anlage sitzt und darüber deine Arbeit vergisst, dann ist das auch nicht mehr so gut. Dann kann dich das in böse Verlegenheiten bringen."

Stefan hatte mit wachsendem Interesse zugehört. „Du meinst also, das Helle und Gute kann etwas Böses und Dunkles bewirken, und umgekehrt das Böse etwas Gutes?"

„Genau das meine ich", nickte Daniel. „Stalingrad zum Beispiel – 1943, wenn ich mich nicht irre –, das war die Hölle. Nichts als Hunger, Kälte, Verzweiflung. Viele sind dort elend zugrunde gegangen. Viele haben ihren Glauben verloren. Aber der Untergang der 6. deutschen Armee war auch für Hitler der Anfang vom Ende. So hat die Befreiung von der Nazi-Diktatur angefangen."

Er hielt inne und überlegte eine Weile. Dann fuhr er fort: „Nehmen wir auf der anderen Seite die ärztliche Mission als Beispiel. Sie hat unzähligen Kindern das Leben gerettet. In Asien, Afrika und Lateinamerika. Wie gut war das für die Mütter und Väter! Niemand will, dass ihm die Kinder wegsterben. Aber jetzt mal aufs Ganze gesehen: Was ist dabei herausgekommen? Ein explosionsartiges Anwachsen der Bevölkerung. Und als Folge davon Hungersnöte, schlimmer als je zuvor. Vielerorts ein Raubbau an der Natur. Scharen arbeitsloser Jugendlicher, die sich leicht fanatisieren lassen von irgendwelchen Hasspredigern. Auch deshalb kommt es nun zu neuen Kriegen mit unermesslichem Elend und Millionen von Flüchtlingen."

Nachdenkliches Schweigen legte sich über die Gesprächsrunde. Schließlich ergriff Eva wieder das Wort. „Was du da gesagt hast, will mir gar nicht gefallen. Aber wahrscheinlich hast du trotzdem Recht. Gut und Böse ziehen sich durch die ganze Weltgeschichte. Wie ein schwarzer und ein weißer Faden. Und oft sind sie so ineinander verschlungen, dass man sie tatsächlich nicht mehr auseinanderhalten kann."

Daniel schaute dankbar zu ihr hinüber. „Siehst du, das ist genau das, was ich bei dem guten Johannes und seinem

Brief vermisse. Die Einsicht, dass Licht und Finsternis aufeinander angewiesen sind. Wenn man es recht bedenkt, kann das Eine ohne das Andere doch gar nicht existieren. Darum finde ich es – ehrlich gesagt – ziemlich dumm, wenn jemand die Dunkelheit abschaffen will, damit nur noch das Licht übrigbleibt."

„In der Schöpfungsgeschichte läuft die Sache ja anders", überlegte Stefan. „Am Anfang ist alles dunkel. Finsternis liegt über der Urflut. Dann spricht Gott sein Machtwort, und es wird hell. Aber nun wird die Finsternis nicht aus der Schöpfung verbannt. Sie wird nur begrenzt, und so entsteht der wohltuende Wechsel von Tag und Nacht. Versteht ihr? Auch die Dunkelheit hat in Gottes Schöpfung ihren Platz und ihr Recht.

Und mit der Urflut, sprich: mit den wilden, chaotischen, destruktiven Mächten, ist es ebenso. Gott setzt ihnen eine Grenze, aber er schlägt sie nicht tot. Sie sollen weiterleben, auch sie. Auch die Ordnung braucht nämlich ihren Gegenpol. Sonst versteinert sie."

„Das ist richtig", stimmte Eva zu. „Die ganze Schöpfung lebt ja von einem spannungsvollen Miteinander und Gegeneinander. Mir scheint, darin liegt eine tiefe Weisheit. Und die hat Folgen für unser Leben."

„Was denn für Folgen?", wollte Susanne wissen.

„Sieh mal", erklärte Eva, „wenn die Finsternis ihren Platz in der Schöpfung hat, dann darf sie auch einen Platz in unserer Seele haben. Dann dürfen wir getrost aufhören mit diesem

Krampf, dass wir als Christen pausenlos freundlich, fröhlich, hell und gut sein müssen. Dann dürfen wir auch die anderen Gefühle in uns zulassen, die dunklen und wilden. Die Angst zum Beispiel oder die Eifersucht. Die Enttäuschung. Den Ärger. Den Hass. Und nicht zuletzt die Sehnsucht nach Zärtlichkeit, nach Lust und Liebe, ob sie nun als erlaubt gelten oder nicht."

Susanne machte ein erschrockenes Gesicht und spreizte abwehrend alle zehn Finger. „Das kann aber ganz schnell gefährlich werden und ein böses Ende nehmen!"

„Gefährlich ist es schon", gab Eva zu. „Unsere dunklen Regungen sind immer gefährlich. Ich sag ja auch nicht, dass wir alle Gefühle gleich in die Tat umsetzen sollen. Aber wir dürfen wenigstens zugeben, *dass sie da sind*, diese Gefühle, von denen ich gesprochen habe. Nicht immer, aber immer mal wieder. Auch bei uns Christen."

„Also von wegen gefährlich", mischte Daniel sich ein, „ich muss schon sagen: Das Gegenteil, das ist ja noch viel gefährlicher! Was passiert denn, wenn wir unsere dunklen und wilden Gefühle wegschieben, unterdrücken und nicht wahr haben wollen? Dann entdecken wir sie dafür umso mehr bei den *anderen* Menschen. Was wir bei uns selbst nicht sehen können – oder nicht sehen *wollen* –, das sehen wir dafür doppelt scharf bei den lieben Mitmenschen. *Die* sind dann rücksichtslos, eingebildet, machtbesessen, genuss- und streitsüchtig und so weiter. Meinen wir! Dass auf diese Weise keine echte *Gemeinschaft* gedeihen kann, das dürfte wohl klar sein."

Eva brachte die Sache auf den Punkt. „Weil wir so verdammt gut sein wollen, kommen wir so schlecht miteinander zurecht. Ist es das, was du sagen willst?"

Als Daniel zustimmend nickte, unternahm Stefan einen Versuch, den Sack zuzubinden. „Ich glaube, jetzt sind wir wieder da, wo wir mit unserem Gespräch angefangen haben. Nämlich bei der Frage: Machen wir uns selbst etwas vor? Oder haben wir den Mut, ehrlich zu sein? Auch im Blick auf unsere Gefühle? – Ich muss sagen", setzte er hinzu, „ich für meine Person bin froh, dass das nun so klar herausgekommen ist: Gott begrenzt das Chaos und die Dunkelheit, aber er schlägt sie nicht tot. Er lässt sie leben. Ich denke, ich weiß, was das für mich bedeutet." Er verzog den Mund zu einem selbstkritischen Grinsen. „Für mich – und für die finsteren Winkel in meiner Seele."

Jesus hielt nichts von stellvertretender Sühne

1. In religiöser Hinsicht wahr sein kann nur etwas, was mich von innen heraus überzeugt. Religiöse Wahrheit ist damit ihrer Natur nach subjektiv (Kierkegaard). Sie ist etwas anderes als historische Wahrheit oder Wahrscheinlichkeit. Die (stets vorläufigen) Ergebnisse historischer Forschung sind für den Glauben nicht konstitutiv, aber unter Umständen korrektiv. Das heißt: Sie können den Glauben nicht begründen, aber ihn eventuell auf Irrwege aufmerksam machen.

2. Die Frage nach der Heilsbedeutung des *Todes* Jesu ist falsch gestellt. Die Heilsbedeutung Jesu, mit der der christliche Glaube steht und fällt, liegt nicht in seinem Sterben, sondern in seiner Lebendigkeit davor und danach – einer Lebendigkeit, die entscheidend mit dem Wirken des göttlichen Geistes zu tun hat.

3. Der historische Jesus sah seinen Auftrag darin, in Wort und Tat das anbrechende *Reich Gottes* zu verkündigen. „Reich Gottes" ist dabei ein – damals geläufiges – Bildwort für den Inbegriff dessen, worauf religiöse Sehnsucht hofft: die heilschaffende Nähe Gottes und im Zusammenhang damit eine heile Welt ohne Krankheit und Tod, ohne Hunger und Elend, ohne Leid und Schuld.

4. Der historische Jesus sah seinen Auftrag *nicht* darin, zur Sühne für unsere Sünden zu sterben. Der Gott, zu dem er

„Vater" sagt, ist weit davon entfernt, als Preis für die Vergebung ein derartiges Sühneopfer zu verlangen. Das geht in
breiter Linie aus dem Reden und Handeln Jesu hervor: aus
seiner unblutig-unkultischen Praxis der Sündenvergebung,
aus seinen (die Vergebung Gottes einschließenden) Mahl-
gemeinschaften mit den „Zöllnern und Sündern", aus *sämtli-
chen* Gleichnissen, die von Vergebung handeln, aus der fünf-
ten Bitte des Vaterunsers usw.

Aus eben diesen Gründen sah sich der historische Jesus
auch nicht als der „leidende Gottesknecht" von Jesaja 53.
Das Gottesbild, das uns dort begegnet (der Gott, der zum
Heil der anderen Menschen seinen Knecht zusammen-
schlägt), ist mit dem Gottesbild Jesu *unvereinbar*.[1]

5. Jesu Verhalten, seine Botschaft und sein Gottesbild brach-
ten ihn je länger, je mehr in Konflikt mit gewissen Vertretern
einer konservativ-gesetzestreuen Theologie und Frömmigkeit. Der Konflikt gipfelte in der sogenannten „Tempelreinigung", die in Wahrheit einen demonstrativen Protest gegen
den Opferkult darstellte. Eben dieser Konflikt war es, der zur
Verhaftung und Hinrichtung Jesu führte.

Zu beachten ist dabei, dass Jesus sich (gegen Paulus und
andere Briefschreiber) keineswegs von sich aus „dahingibt"
(wozu hätte er das auch tun sollen?). Er stellt sich in Jerusalem nicht etwa den Behörden, um freiwillig in den Tod zu ge-

---

[1] Der Einfluss von Jesaja 53 auf die neutestamentliche Deutung
des Todes Jesu wird oft überschätzt. Von den neutestamentlichen
Zitaten aus Jesaja 53 weist nämlich nur eines auf stellvertretende
Übernahme der Sünden (1.Petrus 2,20-25). Die Luther-Überset-
zung von Matthäus 8,17 (= Jesaja 53,4) ist irreführend.

hen. Sondern er verliert sein Leben gegen seinen Willen durch nächtlichen Verrat und fremde Gewalteinwirkung.

6. Der Kreuzestod Jesu war für alle, die an ihn glaubten und ihm folgten, zunächst ein ungeheurer Schock, unerwartet und irritierend. Anstelle des angekündigten und erhofften Gottesreiches nun Schmerz und Verzweiflung! Durch die Katastrophe dieser Hinrichtung schien alles, was Jesus vertreten hatte, ad absurdum geführt.[1]

Die Ostererscheinungen haben dann – völlig überraschend – den Anspruch Jesu bestätigt. Das Rätsel seines elenden Sterbens haben sie jedoch nicht entschlüsselt, sondern eher noch verschärft: Wenn Jesus wirklich der „Christus" (Messias) war, d.h. der von Gott gesandte und von seiner Gegenwart erfüllte Heilbringer - warum dann dieser grauenhafte, schmachvolle Verbrechertod?

7. Der bekannte psychologische Selbstschutzmechanismus der Schmerzvermeidung durch Verdrängung oder Umdeutung lässt sich auch in den Evangelien beobachten. Die Tradenten versuchten, den Skandal von Verrat und Kreuzigung dadurch zu entschärfen, dass sie Jesus zunehmend unterstellten, er habe sein Schicksal exakt vorausgesehen (Leidensankündigungen usw.) und bewusst eingewilligt (Gebet in Gethsemane). So wurde die unbegreifliche Katastrophe zur freien Entscheidung Jesu umgedeutet und umstilisiert (besonders auffällig im Johannes-Evangelium).

---

[1] Vgl. Lukas 24,9ff

8. Das alte, wohl bis in die Jerusalemer Urgemeinde zurückreichende Bekenntnis von 1.Korinther 15,3-5 zeigt jedem, der es sehen will: Die Deutung des Kreuzes als stellvertretender Sühnetod für unsere Sünden entstammt nicht der Verkündigung Jesu, sondern bestenfalls der *Auslegung des Alten Testaments seitens der Urchristenheit* (falls der recht vage Hinweis auf „die Schriften" nicht nur ein Postulat war, also ein Schrotschuss „auf Verdacht"). Von dieser Auslegung wissen wir, dass sie – wie damals üblich – unhistorisch und unkritisch verfahren ist. Sie hat nicht nach dem ursprünglichen Sinn einer Bibelstelle gefragt, sondern Zitate aus dem Zusammenhang gerissen und das hineingelegt, was man herauszulesen wünschte.

Da die *Methode* dieser Schriftauslegung aus heutiger Sicht unzulässig, vorurteilsgeleitet und oft genug irreführend ist, können wir nicht davon ausgehen, dass ihre *Ergebnisse* – beispielsweise die Deutung des Todes Jesu als stellvertretendes Sühneopfer für unsere Sünden – richtig, angemessen oder gar zeitlos gültig sind.

Manche versuchen, die Zeitbedingtheit und methodische Schwäche dieser Schriftauslegung mit dem Hinweis auf den Heiligen Geist zu vertuschen. Aber dieser allzu durchsichtige Immunisierungsversuch entbehrt der biblischen Grundlage. Unfehlbarkeit der Auslegung (oder Überlieferung) gehört nicht zu dem, was uns als „Frucht des Geistes" verheißen ist (vgl. Galater 5,22f). Auch Apostel können irren.

9. Die Deutung des Kreuzestodes Jesu vom alttestamentlichen Sühneopfer her hat sich im 1. Jahrhundert n. Chr. offenbar nahegelegt und wohl auch wesentlich zum Erfolg der paulinischen Missiontätigkeit beigetragen. Bei näherem Zusehen entpuppt sich diese Deutung jedoch als *interpretatorischer Gewaltakt*, und zwar aus folgenden Gründen:

a) Die alttestamentliche Sühne ist ein kultisches Geschehen. Die Kreuzigung Jesu war dagegen ein profaner Vorgang. Es fehlen sämtliche Elemente, die für den Sühnekult konstitutiv sind: Priester, Altar, Handaufstemmung, rituelle Behandlung des Blutes usw.

b) Gegenüber dem im Alten Testament üblichen Tieropfer ist ein Menschenopfer ein Rückfall in die Barbarei. Das kurze (und fast schmerzlose) Sterben der Opfertiere erscheint weitaus humaner als der stundenlange Foltertod am Kreuz. – Der Einwand, am Kreuz habe sich ja *Gott* geopfert, ist nicht stichhaltig. Gott als Gott kann nicht sterben. Auch aus konservativer Sicht muss er dazu erst einmal *Mensch* werden.

c) Die verhängnisvollen Folgen böser Taten wirken sich – auch im antiken Weltbild – immer in Richtung Zukunft aus, nicht „nach rückwärts". Gegenwärtige Sünde kann folglich nicht durch ein in der Vergangenheit liegendes Opfer gesühnt werden. (Entsprechend redet das alte Bekenntnis von Römer 3,25f noch von den *früher* begangenen Sünden.)

d) Sühneopfer und Auferstehung passen nicht zusammen. Indem ein Sühneopfer stirbt, hat es seinen Daseinszweck erfüllt.

10. Eine Grundeinsicht der Hermeneutik (Wissenschaft vom Verstehen und Auslegen) wie auch der Kommunikationspsychologie besagt: *Wenn man eine Aussage in einen anderen Zusammenhang hineinstellt, sagt sie etwas anderes aus.* Wir leben heute nicht mehr im Sinnzusammenhang (Weltbild, Paradigma) der Antike. Darum hat die Deutung des Todes Jesu als „Sühnetod" für die große Mehrzahl unserer Zeitgenossen seine einstige Plausibilität verloren. Sie wirkt heute meist nicht mehr befreiend und heilend, sondern im Gegenteil befremdlich, bedrückend und abstoßend – kein Euangelion also, sondern ein „Dysangelion" (Nietzsche).

Auch in Predigt und Unterricht lässt sich diese Deutung kaum noch vermitteln (außer in evangelikalen Kreisen). Die entsprechenden Versuche fallen entweder blass und formelhaft aus („dogmatische Pflichtübungen") – oder aber verstiegen bis grotesk.[1]

---

[1] Beispiel: „Gott hat ein ganz eigenes und einzigartiges Erlösungsprinzip... Sein Erlösungsprinzip ist die Liebe. Mit Streben, Verjagen, Vergessen ist nämlich der Sünde nicht beizukommen, sondern nur mit Blut. Blut ist das ‚Fleckenwasser', das rein wäscht. Blut ist das ‚Säurebad', das wegätzt. Nur Blut tilgt Sünde. Genau das aber hat Gott fließen lassen. Er riss sich seinen Sohn vom Herzen." (Konrad Eißler, in: Evangelisches Gemeindeblatt für Württemberg 22/1988)

Der ursprüngliche Sinn des Abendmahls (bzw. der Eucharistie)

Wie ist der biblische Befund zu deuten? [1]

Aus meinem vierstündigen Religionsunterricht am Evangelischen Seminar Blaubeuren und meinen langjährigen Forschungen zur Deutung des Todes Jesu im Neuen Testament sind die folgenden Thesen hervorgewachsen. Ich veröffentliche sie hier in der Hoffnung, all denen einen Dienst zu erweisen, die ein mehr oder weniger deutliches Unbehagen empfinden angesichts des traditionellen Abendmahlsverständnisses und der zugehörigen Liturgie.

1. Fundamentalistische „Bibeltreue" hilft nicht weiter.

Die Unterschiede in den betreffenden Bibeltexten (Matthäus 26,26-29; Markus 14,22-25; Lukas 22,15-20; 1. Korinther 11, 23-26) sind erheblich und nötigen zum Weiterfragen: Was ist hier ursprünglicher, was erst später hinzugekommen?

2. Biblisch vorgegeben ist uns nicht die Gleichmacherei, sondern die (auf Jesus hin zentrierte) Pluralität.

Im Urchristentum wurde das Abendmahl offensichtlich verschieden gefeiert und auch verschieden gedeutet (bei Paulus wird zum Beispiel kein „Blut" getrunken).

---

[1] Zuerst veröffentlicht in: Deutsches Pfarrerblatt 9/2014, S.524f. Zum besseren Verständnis der Thesen empfiehlt es sich, eine Evangelien-Synopse danebenzulegen.

3. Was in allen vier Texten übereinstimmt, ist der Kernsatz des sog. *Brotwortes*: „Das ist mein Leib."

Jesus (bzw. das aramäisch sprechende Urchristentum) meinte damit aber nicht den Brotfladen, sondern das Ereignis des gemeinsamen Essens: „So bin ich – Jesus – für euch da; so wird meine Präsenz (über meinen Tod hinaus) für euch erlebbar."

4. Das dazu passende (ältere) Kelchwort hat sich am klarsten im Lukas-Evangelium erhalten (22, 17f)[1].

Markus und Matthäus überliefern es ebenfalls, aber bei ihnen wirkt es jetzt wie ein unwichtiger Anhang. (Darum sucht man es ja auch vergeblich in den gängigen Abendmahlsliturgien der Gegenwart.)

5. Das (jüngere) „blutige" Kelchwort[2] wurde offensichtlich aus alttestamentlichen Angaben konstruiert.

Die entsprechende Auslegungsmethode, die alttestamentliche Stellen aus dem Zusammenhang reißt und ohne Rücksicht auf den ursprünglichen Sinn für die eigenen Interessen nutzbar macht, ist typisch für die nachösterliche Gemeinde, aber ganz untypisch für den historischen Jesus, der souve-

---

[1] Der nachklappende Vers 20 ist dagegen ein sekundärer Mischtext aus Markus 14,23f und 1.Korinther 14,25. Er fehlt in einigen alten Handschriften und ist vermutlich von einem frühen Abschreiber eingefügt worden.

[2] Matthäus 26,28; Markus 14,24; 1.Korinther 11,25

rän („mit Vollmacht") sprach und nur selten (aber dann treff-
sicher!) auf das Alte Testament zurückgriff.

**Drei weitere triftige Argumente sprechen dagegen, dass
das „blutige" Kelchwort von Jesus stammt:**

a) Ein Jude trinkt kein Blut, auch nicht symbolisch. Dergleichen wird im Alten Testament streng verboten. Was auch immer mit Opferblut gemacht wird: Getrunken werden darf es auf keinen Fall!

b) Die hebräische Sprache kennt den Doppelausdruck „Fleisch und Blut". Das Wort „Leib" bezeichnet dagegen den ganzen Menschen und kann nicht mit „Blut" ergänzt werden.

c) Jesus hielt offenbar nichts davon, dass zur Vergebung der Sünden oder zur Herstellung einer guten Gottesbeziehung („Bund") ein Blutvergießen stattfinden müsste. Das zeigen sein Reden und Handeln in den (synoptischen) Evangelien auf der ganzen Linie.[1]

6. Im hellenistischen Milieu und Kulturraum hat sich der ursprüngliche Sinn des Abendmahls verändert.

Während der Hebräer primär *ereignishaft* denkt („Was passiert da?"), denkt der Grieche zunächst und mit Vorliebe *substanzhaft* („Was ist das eigentlich?"). Darum wird das Deutewort „Das ist mein Leib" im hellenistischen Denken

---

[1] Näheres dazu auf Seite 174f

jetzt (fast unvermeidlich, aber gleichwohl irrtümlich) auf das Brot bezogen.

Wenn aber das *Brot* der Leib Jesu Christi ist – was ist dann der *Wein* bzw. der *Kelch*? Auf diese naheliegende Frage gab das alte Kelchwort keine Antwort. Darum geriet es teilweise in Vergessenheit (so bei Paulus, der es nicht mehr überliefert). Stattdessen hat man aus dem Alten Testament zwei neue Kelchworte konstruiert, die diese Frage beantworten sollten (s.o. bei 5.).

Das (echte oder symbolische) *Trinken von Blut* war einem hellenistisch geprägten Menschen nicht fremd. Das kannte er aus den sogenannten Mysterienkulten, wo die Gemeinschaft mit der Gottheit tatsächlich so hergestellt wurde, dass man sich den Gott in symbolischer Form, d.h. durch Essen und Trinken einverleibte. Dieses Deutungsmuster wurde nun auch an das Abendmahl herangetragen.

7. Zusammenfassung:

Das Abendmahl oder die Eucharistie war ursprünglich ein gottesdienstliches Ritual, in dem die gute Nähe Jesu über seinen Tod hinaus immer wieder erfahrbar wurde. Mit vergossenem Opferblut hatte dieses Ritual zunächst gar nichts zu tun, ebensowenig mit einer (symbolischen oder gar substantiellen) Einverleibung Jesu durch die Abendmahlsgäste (die eucharistische Gemeinde). Dieses spätere (und folgenschwere!) Missverständnis entstand erst durch die Verbindung von griechischem Substanzdenken mit alttestamentli-

chen Opfervorstellungen, wobei auch der eine oder ander-
hellenistische Mysterienkult einen deutlichen Einfluss ausüb-
te.[1]

Zu den vorangegangenen Thesen passt folgender

Liturgischer Anfang der Abendmahls-feier:

Uralt sind die Zeichen der Gastfreundschaft: Brot und Wein.
Diese Zeichen greift Jesus Christus im Abendmahl auf. Er
bietet uns Brot und Wein an und will uns damit spüren lassen: Ich bin euer Freund. Ich meine es gut mit euch. Ihr seid
mir willkommen.

Feierlich und schwer verständlich klingen die *Einsetzungs-worte*, auf die sich die Kirche seit jeher beim Abendmahl beruft. Hier kann ich Ihnen vom Hebräischen her eine Ver-
ständnishilfe anbieten. Denn Jesus hat hebräisch gedacht.
Davon können wir ausgehen.

Darum sagt er nicht: Ihr könnt beim Abendmahl mit meiner
persönlichen Anwesenheit rechnen. So abstrakt kann sich
ein Hebräer gar nicht ausdrücken. Er sagt das Gleiche bildhaft und anschaulich: Das ist nun mein Leib für euch. Nicht
das Brot als solches, sondern der Vorgang insgesamt. Wenn

---

[1] Die Abendmahlsliturgie von Klaus-Peter Jörns (Lebensgaben
Gottes feiern, Gütersloh 2007) ist eine der wenigen, die diesen
exegetischen Befund berücksichtigen.

ihr in meinem Namen zusammenkommt, um das Brot miteinander zu teilen, sagt Jesus, dann wird in diesem Geschehen etwas erlebbar von meiner Gegenwart. Und wo ich bin, da ist alle Schuld vergeben. Denn ich stehe dafür ein, dass ihr bei Gott ganz und gar angenommen seid. Ich will euch sättigen und kräftigen wie das tägliche Brot.

Schwieriger ist es mit den deutenden Worten für den Kelch. Verschiedene Gründe sprechen dafür, dass sie erst später hinzugefügt worden sind. Bei Paulus klingen sie ja auch ziemlich anders als bei Matthäus oder Markus.

Aber so viel ist deutlich: Wie das Brot ein Grundnahrungsmittel ist, so ist der Wein eine Zutat des fröhlichen Feierns. Ein Zeichen der Festfreude. Eine Ermutigung, die guten Dinge des Lebens zu genießen. Der gefüllte Becher soll uns erinnern an den „neuen Bund", sprich: an das neue, befreite Gottesverhältnis, das Jesus uns ermöglicht.

Das soll also im Abendmahl erlebbar werden, dass wir Christen zusammengehören, mit Gott und untereinander. So sollen wir schon jetzt einen Vorgeschmack bekommen von dem Fest ohne Ende, das auf uns wartet, wenn uns die Erde vergeht.

In einer sehr alten Form, die noch in die Zeit vor Paulus zurückreicht, mögen die **Einsetzungsworte** so geklungen haben:

In der Nacht, als Jesus, der Herr, verraten wurde, nahm er das Brot, sprach darüber das Dankgebet, brach es in Stücke

185

und sagte: „Esst miteinander! Das ist mein Leib für euch. Das tut, um die Erinnerung an mich wachzuhalten."

Ebenso nahm er nach dem Essen den Becher und sagte: „Das ist der neue Bund. Sooft ihr daraus trinkt, tut es, um die Erinnerung an mich wachzuhalten."

Bei weitergehendem Interesse sind beim Autor die folgenden Texte erhältlich:

Christozentrische Pluralität

Wie deuten die vier Evangelisten den Kreuzestod Jesu?

Warum musste Jesus sterben?

Erlösung durch blutige Gewalt?

Historische und psychologische Anfragen an den sühnenden Opfertod Jesu

Die Adresse des Autors finden Sie beim Inhaltsverzeichnis.

Weitere Veröffentlichungen des Autors sind im **Internet** zu finden unter

http://glaubensreform.de/pages/wir-melden-uns-zu-wort/autoren/joerg-dieter-reuss.php